新装版

親鸞のダイナミズム

大峯　顯

法藏館

本書は、平成五（一九九三）年刊行の『親鸞のダイナミズム』第一刷をオンデマンド印刷で再刊したものである。

親鸞のダイナミズム　目次

親鸞のダイナミズム

I

親鸞　日本教を超えるダイナミズム

日本人の死生観

六世紀に、中国を経て日本に渡来した仏教は、平安の中期頃から、しだいに日本人の精神生活に影響するようになりました。しかし、真に日本仏教といえるものが出現したのは、十二世紀から十三世紀の鎌倉仏教においてです。法然、親鸞、道元、日蓮の四人が、この日本仏教を代表するわけですが、その中でも日本人の心の深層にまで入って、日本人の宗教意識を根源的に覚醒させたものは、親鸞の浄土真宗だと思います。もちろん、親鸞の浄土教は、インドで書かれた『無量寿経』に立脚しています。しかしそれは、インド、中国と受けつがれてきた浄土教思想のたんなる継承発展ではなく、その精髄をとり出すことによって、ある意味では、それを破っている思想だと思います。インドや中国は、いわば自分たちの枠の内におさまり切れないような子供を親鸞の浄土真宗においてもったわけです。しかし、そのようなスケールの子供を生んだからこそ、インドや中国の仏教は成仏できたと言えるでしょう。

さて、そういう親鸞の浄土真宗の本質を捉えるためには、ひとまず、日本人が原初的にもっていた死生観、いわば日本教にさかのぼってみる必要があるように思います。なぜなら、浄土真宗はある意味では、われわれの民族のこの原初的な死生観が、大陸渡来の大乗仏教の思想の中をくぐり抜けて否定と洗練を受け、高次の形をとったものと考えられるからであります。

『古事記』（七一二年）の上巻に記されたイザナギ、イザナミの二神をめぐる黄泉《よみ》の国の神話は、古代日本人が死を受け容れた仕方の原型を伝えています。国々と神々を産む豊饒な生産活動の真っただ中で、イザナギの妻イザナミは、火の神を産んだ火傷がもとで死んでしまいます。妻の死に慟哭したイザナギは、悲しみのあまり、妻が行ってしまった黄泉の国まで追いかけて行く。それは、妻をもう一度この世へとりもどすためでしたが、うじが一杯わいて崩壊していく妻の亡骸《なきがら》のすさまじい姿を垣間見て、にわかに恐ろしくなり、この世へ逃げ帰ろうとします。あれほど恋しく会いたかった妻を置きざりにして、黄泉の国から脱出しようとするわけです。これを怒ったイザナミの追跡がはじまるのですが、結局、黄泉比良坂《よもつひらさか》に大きな石を置いて追跡を食いとめ、その石をはさんでイザナギは妻に対し、もうお前とは夫婦ではない、と宣言するのです。現世に還ってきたイザナギは、「吾は穢き国に到りてありけり」と言って、河原の水で黄泉の国の穢《けが》れを体から洗い落とすという物語であります。

この物語から三つのことが注目されます。第一は、妻の死に対するイザナギのはげしい悲しみです。悲しみはこの世だけにとどまることができず、イザナギを黄泉の国にまでつれ出したのです。悲しみはこの世とあの世との境界線を超えようとする。しかし第二に、この悲しみはこの境界線を本当に突破することはできません。境界線を突破するとは、境界線そのものを廃棄することであり、それは死者がこの世に還ってくる道を開くということです。しかし、イザナギがこの世とあの世との間に置いた大石は、そのような道を遮断してしまったのです。いったん死の国へ行ってしまった者をとりもどす術《すべ》は永久にありません。江戸時代になって本居宣長が正しく解釈したように、『古事記』の死生観は生と死との隔たりを承認することで終わっているのです。第三に、黄泉の国は穢れた悪い世界であります。宣長はつぎのように言っています。「さて其よみの国は、きたなく悪しき所に候へ共、死ぬれば必ずゆかねばならぬ事に候故に、此世に死ぬるほどかなしき事は候はぬ也」（『鈴屋答問録』）。『古事記』の作者である日本人は、死の国が良い所か悪い所かということについて判断停止をせずに、悪い所と考えたようです。これは思想であるというよりもむしろ一つの情緒の表現だと思います。死は悪い所へ行くことだから悲しいのではなく、死があまりに悲しいから、黄泉の国はきたなく悪い世界と思われたのでありましょう。

　ところが、日本に入ってきた最初の仏教は、死後にあるこのような悪しき黄泉の国の代わりに、永遠の生命と光明の世界、「天寿国」をもたらしました。いったい、死者の行く先が「きたなく悪しき所」であるかぎり、人生の悲哀が本当に癒されることはないでありましょう。死をもつ生の悲しみを克服するには、死が存在しない国、永生《えいせい》の国を信ずるほかはないのです。推古時代の仏教は、死の世界ではなく、不死の世界を人々に保証する思想であったわけです。死者はもはや暗い黄泉の国へ行くのではなく、仏たちのいます命と光の明るい世界へ行くのです。そしてそのことを保証してくれるものは、寺々に安置されている美しく尊いさまざまの仏像です。人生の不安と死の悲哀は、死後にこのような光明の仏国《ぶっこく》をもつことによってのみ癒されうると考えられたのです。このような死後の仏国への憧憬は、『古事記』の日本人たちが知らなかった新しい世界経験であったといわなくてはなりません。

しかしながら、このような死後の仏国はまだ、本当に死を超えた世界、現世と異次元の彼岸ではありません。むしろ、現世から死というものを取り除いた国、つまり理想化された現世です。そこにはまだ現世そのものを否定する思想は見られません。この世ではかなえられない生への願いが死後の世界に投射されただけです。たとえば、聖徳太子の死後、推古天皇が采女《うねめ》たちに手伝わせて作ったといわれる天寿国曼荼羅《てんじゅこくまんだら》繡帳《しゅうちょう》の「太子往生の図」は、そういう死後の生への願望をよく物語っています。この繡帳の銘文にある「世間虚仮《せけんこけ》、唯仏是真《ゆいぶつぜしん》」という聖徳太子の思想は、当時はまだ一般には理解されない孤独な思想だったのです。

未来の浄土への憧憬

日本人がはじめて、現世そのものを否定する超越的な彼岸の世界という思想に触れたのは、源信の浄土教においてでありました。源信の主著『往生要集』の根本思想を一言でいえば、「厭離《おんり》穢土《えど》、欣求浄土《ごんぐじょうど》」であります。いったい、『古事記』の記述や推古時代の天寿国往生の願望の中には、現世そのものに対する否定はなかったのです。現世は死をふくむ悲しい世界ではあるにしても、決して穢れた悪い世界ではない。むしろ黄泉の国こそ穢れた世界とされたのです。しかるに源信において、現世ははっきりと穢土になる。真に清浄な世界は、穢れたこの現世を捨てる人間の態度に対してのみ開かれるのです。穢土を超越した世界こそ浄土なのです。現世が穢土であるということは、人間がそこに永く安住できる世界ではないということです。なぜなら、穢土のすぐ下は地獄であり、現世の生は地獄に落下せざるをえないからです。『往生要集』は八つの地獄の恐ろしい姿を生き生きと描写して、この世を厭い離れ、極楽往生を求めるべきゆえんを説いています。

しかし、このように浄土が現世と地つづきでない他界であるならば、誰でもがそこへ無条件で行けるというわけではありません。黄泉の国はすべての死者が行くところです。「人は死に候へば善人も悪人もおしなべて、皆よみの国へゆくことに候」（本居宣長『鈴屋答問録』）。しかし、極楽浄土に往生するには、阿弥陀仏の慈悲をたのみ、念仏することが条件であります。それ以外の人間のいかなる行為によっても決して行くことができない浄土の超越性が、はじめて日本人の心を捉えたのです。ここにおいて日本人ははじめて、現世の立場を死後にまで拡大することの不可能性、現世そのものの限界を知ったわけです。現世から死後へと流れてきた日本人の伝統的な意識の流れ、すなわち日本教は、この超越的な浄土の出現によって遮断され、一つの逆流をつくったといってもよいでしょう。

ところで、源信の浄土教の大きな特色は、何よりも臨終往生もしくは来迎往生を強調しているところにあります。極楽往生の条件は、現世への執着（邪念）を捨てて、ひたすら阿弥陀仏を念ずる正念ですが、わけても臨終の時の正念が大事であるとされました。人生の一大事は平生《へいぜい》ではなく臨終に解決されるというのです。『往生要集』は、とりわけ「臨終の行儀」を定めて、死に直面した重病人に、臨終こそ仏の来迎にあずかる決定的な瞬間であることを心をこめて説いています。もちろん、源信その人にとっては、臨終の大事はそのまま日常の一瞬一瞬のことであり、彼は行住座臥を臨終的に生きていたでありましょう。それにしても、臨終を強調するこの教えは、問題の解決を未来へ先送りする傾向をもっているといわざるをえません。往生が臨終の瞬間に決まるものであるならば、生きているうちは未決定だということになるからです。だから源信の浄土は、生きている人間にとっては、はるかに思いやる未来の国でしかない。しかしそういう未来の浄土を期待し憧憬する心は、本質的には悲しく不幸な意識だと言うべきでしょう。

『源氏物語』や『枕草子』に出てくる「極楽おもひやられはべる」とか「生ける仏の御国とおぼゆ」とかいう言葉には、明らかに『往生要集』の影響が見られます。それは、現実の人生の中にすでにはたらいている浄土の力を発見できない不幸な意識の産物であります。源信の浄土教はその大きな功績にもかかわらず、この世に生きる人間存在の不安と怖れと悲しみを完全に癒すまでにはいたらなかったようです。黄泉の国の暗い幻影を克服することはできなかったのです。

親鸞浄土教の核心

親鸞の浄土真宗の核心は、じつに、源信の思想の中にあったこのような不幸な意識をすっかり克服したところにあります。『末灯鈔』第一書簡の中の親鸞の文章は、源信の臨終往生の思想をつぎのように批判しています。

> 来迎《らいこう》は諸行《しょぎやう》往生《おうじやう》にあり。自力の行者なるがゆゑに。臨終といふことは、諸行往生のひとにいふべし、いまだ真実の信心をえざるがゆゑなり。また十悪・五逆の罪人のはじめて善知識《ぜんぢしき》にあうて、すすめらるるときにいふことなり。真実信心の行人《ぎようにん》は、摂取不捨《せつしゆふしや》のゆゑに正定《しやうじやう》聚《じゅ》の位《くらい》に住す。このゆゑに臨終まつことなし。来迎たのむことなし。信心の定まるとき往生また定まるなり。来迎の儀則をまたず。

親鸞によれば、臨終に念仏して阿弥陀仏の来迎を待ちのぞむような人は、まだ阿弥陀仏の絶大な力を本当に信じていない人なのです。念仏はしているけれど、念仏する自分の力というものをどこか信じているのです。だからこれは、「他力の中の自力」の立場であって、自力をすっかり捨てた純粋無雑の他力、絶対他力の立場とはいえません。臨終の人が阿弥陀仏から引いた五色の糸を自分の手にしっかりと握らねばならないというところに、自力の痕跡があるのです。まさしくこの自力の念仏のゆえに、臨終念仏の人と浄土とのあいだには、どうしても超えられない一線が残らざるをえない。つまり、人間の自力が浄土を遠ざけているのであります。

ですから、自力を捨てて、阿弥陀仏の本願力を本当に信じる人は、その信心の起こる瞬間にすでに阿弥陀仏の摂取の中に入り、決して捨てられることはないのです。それが「正定聚の位に住す」ということです。「正定聚」という『無量寿経』の中の語は、伝統的浄土教においては、浄土に生まれた人のあり方、したがって未来の事として解釈されてきたのですが、親鸞はこれを信仰の現在の事として受けとめています。「現生《げんしょう》に正定聚の位に住す」と述べています。つまり人生の一大事は、死ぬ瞬間にではなく、如来の力に自分をまかせきった信心の瞬間に解決されるのです。自力を捨てれば、浄土は未来にとどまらず、現在に到来します。だから、如来を信じた人はもはや臨終に来迎を期待する必要はありません。問題はすでに解決されてしまったからです。信心の人は煩悩の肉体をもったままで、その心は如来と等しい、とさえ晩年の親鸞は書いています。

　このようにして、永らく死後の未来にだけ置かれていた浄土は、親鸞によって、遠い他界という性格を脱ぎ捨てて、現世そのものを一瞬一瞬に支える根底となりました。『往生要集』に説かれた浄土は、西方へ入る夕日のように、未来から現世を照らすだけでした。今や浄土は、現世そのものを今・ここにおいて包むところの根底となります。これは、自力聖道門《しょうどうもん》のいう「娑婆即浄土」という観念ではありません。罪悪生死の娑婆世界がそのまま浄土であるわけではありませんが、まさしくそのゆえに浄土によって包まれるのです。西田哲学の用語を借りていうならば、親鸞の浄土とは、現世がその中にある場所のことです。それでは、現世とこれを超えて包む浄土とは、いったい、どのような関係にあるのでしょうか。それを明らかにしたものが、親鸞の「還《げん》相回向《そうえこう》」という思想であります。

還相回向の思想

つつしんで浄土真宗を按ずるに、二種の回向あり。ひとつには往相、ふたつには還相なり。『教行信証《きょうぎょうしんしょう》』の冒頭にあるこの言葉は、親鸞の浄土真宗という思想の中のたんなる一部ではありません。この言葉は、浄土真宗の全部、浄土真宗そのものなのです。「回向」という語のもともとの意味は、「方向を転換する」ということです。浄土教の歴史においては、六世紀に中国の北魏の曇鸞《どんらん》がすでに往相回向と還相回向ということを明らかにしました。曇鸞によれば、往相回向とは、仏道を行ずる人（菩薩）が自分の修得した功徳《くどく》を自分以外の一切衆生《しゅじょう》に回施して、衆生とともに、浄土に往生しようと願うことです。これに対して還相回向とは、このようにして浄土に往生した人が、浄土にとどまっていないで、再びこの娑婆世界に還ってきて、衆生を教化して浄土へ向かわせようとするはたらきのことです。

ところで、曇鸞においては、この二つの回向のはたらきをする主体は、仏道を行ずるわれわれ衆生だと理解されています。回向の真の主体は、如来それ自身なのであってわれわれではない、という洞察には到達していないようです。しかしこのように、回向のはたらきの主体をわれわれの側に見ようとするかぎり、還相回向を現在において経験することは困難になるでしょう。往相回向のほうは現世の経験として説くことはできても、還相回向のほうはどうしても死後のことにならざるをえません。源信の場合はもちろん、法然においても還相回向が積極的に説かれなかったのは、そのためだと思われます。たしかに法然は、回向は衆生の自力によっては不可能であることを発見して、不回向という表現を用いてはいます。しかしこれはまだ、衆生の側に立った回向の見方でありましょう。

　これに対して、回向の真の主体は、われわれ衆生ではなく如来であると見るのが、親鸞の立場であります。いったい、回向が自己否定のはたらきであるとすれば、回向にはもともと、回向するものというような主体はないはずです。もし回向のはたらきに、そのような主体もしくは基体があるならば、そのはたらきはすでに自我の自己執着的なはたらきであって、回向のはたらきとはいえません。回向にそんな主体があってはならないのです。それが、回向の主体は如来それ自身だという意味であります。回向の真の主体は衆生でなく如来であるならば、われわれはたんに往相回向だけでなく、還相回向をもこの現世において経験することができるはずです。「往還の回向は他力に由る」と親鸞は言います。如来の力に対する信になお自力が混じっているあいだは往相回向しかありませんが、絶対他力の信に対しては、往相回向と還相回向との両方が同時にあるのです。

　この還相回向の思想は、浄土と娑婆とは対立する二つの世界ではなく、相互に交流し合う関係にあるという真理を捉えています。親鸞以前の浄土教は、娑婆を捨てて浄土に生まれる道だけを熱心に説きました。人間存在の目的はこの現世では達せられず、浄土に生まれ仏に成ることによってはじめて成就される、という考え方です。つまり、この現世から浄土へ行く一方通行の道路だけを見ているのです。しかし親鸞によれば、これは、われわれの生の構造の半分を捉えただけの思想にすぎません。娑婆から浄土へ行く道は、もしそれが真の浄土にとどくならば、そこで終わらずに、浄土から再び娑婆へ還ってくる道であるはずです。往相回向の終点は同時に、還相回向の出発点でなければなりません。娑婆からの道を許すだけで、娑婆へ還る道を許さないような浄土は、真の浄土とはいえないのです。それは「真仏土」ではなく「方便化身土」にすぎません。方便化身土とは、親鸞によれば、如来の本願力を疑っている自力念仏の人が生まれる牢獄のような浄土なのです。化身土は、われわれを幽閉する「七宝の宮殿」にたとえられたり、開かない蓮の花の内の世界にたとえられたりします。いわば母の胎内にいるような生まれ方です。方便化身土からは娑婆へ還ってくる道はありません。

それに対して、真の浄土は還相回向の道をもっています。真の浄土への道は、娑婆から往生する道であると同時に、往生した人がそこを通って衆生済度《さいど》のために娑婆へ還ってくる道でもあります。娑婆と浄土とのあいだは決して一方通行ではなく、相互通行なのです。現世と浄土とをつなぐ、このような往復の道路を発見したところに、浄土教史、仏教史、いな人類の宗教史において親鸞が果した最も前衛的な功績があると思います。長いあいだ生者と死者とをへだてていた壁がこれによって、透明化されたわけです。なぜなら、この往相と還相の思想によってはじめて、われわれの生きているこの現世の意味が本当に肯定されることになったからです。現世から浄土へ去る道だけを見ていた親鸞以前の浄土教においては、この現世を根源的に肯定することはできませんでした。しかし、今やこの現世こそ浄土の人々がたえず還ってきている場所だ、と親鸞は言うのです。現世はもはやたんに厭離すべき穢土ではなく、浄土からの道がすでにとどいているような穢土なのです。そこに、われわれのこの現実の生存のかけがえのなさ、限りないなつかしさがあるといわねばなりません。

親鸞がわれわれの霊性の宇宙を、大いなる生命の環流として感得していたということがここに明らかであります。われわれは誰でも、人生とは出生に始まり死に終わる出来事であると考えています。そのとき、人生は直線の形に限定されています。しかし、直線の形で考えられた生は、どんなに長くても有限であり断片です。娑婆から浄土への往生を説くだけの浄土教においても、生はやはり直線になるのです。そこには真の生の姿は見いだされえません。真の生の構造は直線ではなく円環でなくてはならないと思います。

親鸞が説いた往相回向とは、現世から浄土へ滔々《とうとう》と流れる如来の生命の海流だと言えるでしょう。如来の本願力にまかせる一切の衆生はこの海流によって運ばれるのです。しかし、この海流はそのまま、浄土から現世へ流れる還相回向の海流でもあります。といっても、二つの海流があるのではありません。環流する同じ一つの如来の生命があるだけです。われわれの七十年ないし百年の人生は、じつはこのような無限大の生命円環の一部にすぎないのでありましょう。人生が断片に見えるのは、この生命円環の半径が無限だからです。われわれのこの愛欲生死の生活がすでに浄土の光芒を浴びていることの不思議を親鸞は教えたのであります。

日本教を超えるダイナミズム

伝統的な宗教で説かれて来た来世としての神の国や浄土への往生という信仰は、今日では一般人の生活実感から縁遠いものとなっています。「往生」とか「浄土」とかいう言葉自身も、限りなく記号に近づいているように見えます。その理由はたぶん、死後とか来生とかいう観念が現代人の感受性の領域から消えたことにあるように思われます。仏教やキリスト教によって生きていた人々には、この現世を来世から意味づけることが自然なことだったのに、今日ではそのようなことは何か不自然なことになってしまいました。これは十九世紀の終わりに、ニィチェが現実世界の背後に考えられた超感性界はもはや力を失ったのだと言った状況であります。

しかしそれなら、果して現世は現世自身から根拠づけられるでしょうか。そんなことはとうてい不可能です。死後の世界は実在性を失ったとしても、死それ自身は現代人にとっても依然として実在します。そして死がある現世に対して心の底からイエスということを言えない以上、現代人の状況は要するにニヒリズムだというほかないでしょう。死後に望む浄土ではなく、われわれの現世の生活そのものの底に、現世を今すでに包んでいる根源的な場所としての浄土が再発見されなくてはなりません。たんに未来としての浄土でなく、現在というものの深みとしての浄土です。親鸞が往還回向の思想によって語っているところのものは、まさしくそういう浄土だと思うのです。

　このような新しい浄土の思想は、はじめに申しましたように、日本という精神風土に固有の強い現実主義（現世主義）なくしては生まれなかったと思います。親鸞の浄土真宗において、仏教もその一つである世界宗教の本質をなす超越性と、日本人の現世主義とがぶつかって、高次の形で統合されたわけです。仏教的なものと日本的なものとが、深層の次元でたがいに貫き合ったと言ってもよいでしょう。これは、仏教が日本人の精神生活の現実に即したものになると同時に、日本教が仏教の原理によって克服されたことでもあります。ヘーゲル哲学の用語で言うなら、日本教が仏教の真理の中へ止揚されたわけです。浄土真宗の内にある、日本教を超えた大乗仏教の普遍的なダイナミズムを見失わないことが大切であります。近頃は日本的なものの復権の声が一部にありますが、日本人だけにしか通用しないような宗教は、日本人を本当に救うこともできないでしょう。なぜなら日本人も地球人類の一員だからです。

宗　教　本質と可能性を問い直す

宗教の本質を問う

今日の社会は現象面だけを観察しますと、いろいろな宗教団体が大衆を集めていて、宗教は大変盛んなように見えます。しかし、もう一歩そういう現象の内部に立ち入って注意してみますと、かならずしもそうではないことがわかります。明白に迷信や邪教と考えられるものを別にしても、大部分は擬似宗教もしくは擬似政治ではないでしょうか。永いあいだ宗教と呼ばれてきた人類の最も根本的な営みの中に、世俗化と非宗教が気づかれないような仕方で侵入しているのが、今日の社会の一般的な傾向だと思います。

しかしながら、どんなに進歩した科学技術も福祉国家も、人間の真の救いとなりえないことはわかり切ったことであります。もし、現代には宗教など要らない、科学と福祉だけでたくさんだというのなら、現代の方が宗教より強いわけですから、宗教の代わりに現代というものを拝めばよいことになるはずです。しかし、どんな勇ましい合理主義者や進歩主義者も、そこまで自信をもっているわけではないでしょう。

時代によって変わる人間の考えなどというものが、真の宗教になり代わるようなことはできないのです。いかなる政治も科学も代行できない宗教固有の仕事があるはずです。いったい、それは何でありましょうか。今日の宗教は、そもそも宗教とは何かという問いにもう一度根源的に覚醒することが要求されていると思います。今日、宗教に反対したり無関心であったりする人々が、特定の宗教にではなく、総じて宗教というもの一般に反対し、あるいは無関心である以上、これは当然のことであります。宗教とは何か、宗教というものの本質をもう一度問い直すことによって、今日の宗教の再生の道がどこにあるかを考えてみたいと思います。

宗教の本質というときの本質という概念は、現実存在、あるいは実存という概念に対立する言葉です。本質は、英語でいうとエッセンス、実存の方はイグジステンスです。実存主義の実存です。宗教の実存というのは、宗教の現実のあり方、現状はどうなっているかという問題になります。それに対して本質というのは、現実の宗教が堕落していようが、あるいは下火になっていようが、とにかく宗教というものは、本来こういうものだ、こういうものでなければならない、それがないと宗教でなくなるもののことです。現代という社会や世界が、宗教に対してどんな態度をとっているにせよ、とにかく宗教とはそもそも何か、ということが宗教の本質という問題です。

西田幾多郎という有名な哲学者がおりました。私は京都大学で西田先生の高弟の西谷啓治先生に学びましたので、西田先生の孫弟子にあたる立場にいますが、その西田幾多郎先生は、そもそも宗教というものは、人類がどうしたら幸福な生活を全うできるかというような問題には関係がない、宗教の真理というものは、そういう人間中心の考えとは違うんだと言っています。たとえば、天の一角に巨大なエネルギーがあらわれてきて、地球も人類も全部ふっ飛んでしまうようなことがあっても、宗教の真理は厳然とあるんだと。

私も、西田先生のいうような宗教の永遠の真理というものがやっぱりあるはずだと思います。近頃の人々は、そういう宗教の真理といったものにはどうもついていけないと考えがちのようですが、もし宗教が人間の都合に合わせた、人間的、あまりに人間的なものにすぎないものだとしたら、それがいつでもどこでも本当に人間を生かす真理であることはできないと思います。政治的な信条とか憲法とかいうものと同じように、宗教もまた、時代とともに変わっていくのだったら、それは人間を本当に根底から救う真理ではなくなります。天の一角から巨大なエネルギーがあらわれて、人間も地球も宇宙も全部ふっ飛んだって宗教はあると言ったところに、西田先生の宗教理解がよく窺えると思います。

宇宙の中の人間の位置――シュライエルマッハーの宗教理解

宗教の本質ということをまず最初に問題にしだしたのは、十九世紀の初め頃にあらわれた、ヨーロッパの宗教哲学者たちです。キリスト教とは何か、あるいはイスラム教とは何か、ギリシャの諸宗教がどういうものであるか、あるいは仏教がどういうものであるかというような問い方、つまり個々の民族、地域によって違う特定の宗教を問題にするのではなく、何宗であれ、何教であれ、そもそも宗教というものを宗教たらしめているところのものは何かという問いを立てたのがヨーロッパの宗教哲学でありました。

宗教の本質という言葉をはじめて使ったのは、ドイツ・プロテスタントの父といわれるフリードリッヒ・シュライエルマッハーです。彼に『宗教について』（一七九九年）という講演がありますが、その中の第二講に「宗教の本質」という言葉が出てまいります。その中で彼は、キリスト教の教義の説明ではなく、キリスト教もふくめて、いったい宗教というものの本質は何かをはじめて問題にしたのです。宗教の普遍的な本質をあらためて考えなければならなくなったというところに、キリスト教が現実の世界にアピールする力を少し衰弱させてきたという当時の状況があったと思われます。そうでなければ、そもそも宗教とは何かというようなことをあらためて問う必要がありません。

このシュライエルマッハーの本には、「宗教を軽蔑するところの教養人に対して」というサブタイトルがついておりますが、ここにすでにキリスト教が十九世紀の初頭におかれていたそういう状況がよくわかるわけです。つまり、宗教は教養をもたない無知な人間のいうことだと考えている一般教養人に対して、宗教というものは、君たちが考えているようなつまらないものではないということをはっきりさせようとしたのです。宗教というものは、人間の文化や学問や教養と矛盾しない。それどころか、それがなければ君たちが教養と呼んでいる一番大事な営みそのものが、根拠を失うところのもの、それが宗教なんだということを明らかにしたのです。

当時、一般の教養人は、宗教といえばまず、世界万物を創造した神を信じること、あるいは、自分を罪人と感じ、自分の罪を救ってくれる神にすがり、それによって死後天国に生まれると信じることだと考えていました。そういう宗教は人間の知的進歩に反するものだという考えが、十八世紀頃からしだいに強くなって来たわけです。ところが彼は、そういう通念を破ろうとして、一言も神という言葉を使わずに宗教を説明しました。

彼は、宗教を「宇宙の直感と感情」と定義しています。宗教をもつということは、自分がこの無限な宇宙の中で、宇宙の力にまかせて、無限なものの中に生かされているということを知ること、宇宙を感じることだというのです。ちょうど、赤子が母親に抱かれるように、人間というのは、宇宙の中に抱かれて生きている。それが裸の人間の姿である。そういう人間存在というものの裸の姿の発見以外に、別に宗教というものはないと言っています。普段、われわれは、自分の力が能動的にこの自分の存在や社会というものを形成していると思っています。けれども、そういう自己意識のもう一つ底に降りてみるならば、そこでは自分の力などは一つもはたらいていない次元がある。無限者によって貫かれ、無限の力によって自分というものが生かされている。そこでは、われわれにはまったくの受動性しかありません。全面的に宇宙にまかせきっているというのです。

『宗教について』より少し遅れてから出ました『キリスト教信仰』という本の中では、「絶対依存感」という表現が使われています。宇宙の中のあらゆるものは絶対的に宇宙に依存している、まかせきっている、それが生きとし生けるもののあり方の真相だというわけです。この明らかな事実にわれわれが気づくということが宗教というものだと。宇宙の中でのわれわれのまったくの無力というものに目覚める。そうして、その無力な自分が宇宙の力によってありえているという、そのことに気づく、それが宗教をもつということです。宗教とは自分が無限の中にあるということの発見にすぎない。シュライエルマッハーのこの宗教観は正しいと思います。原始宗教（民族宗教）と区別された歴史宗教（世界宗教）、仏教やキリスト教については、今日でもシュライエルマッハーのこの定義を大きく変更する必要はないと思います。

もちろん、われわれは社会の中に生きています。宗教もまた、社会的現象の一つであり、確かにその点では、宗教社会学のテーマにもなり、対象になりうる。あるいは、宗教を一種の心理現象として捉える宗教心理学というものも可能であり、また、宗教は歴史をもっておりますから宗教史学の対象にもなる。宗教に関するいろいろなサイエンスの対象になりうる面が確かにあります。そういう意味では、宗教は社会のほかのいろんな人間の営みと同じように、社会の中に生きている人間の文化的な営みと見ることもできます。

けれども同時に、宗教は人間と宇宙との関係でもあるのです。宗教はたんなる対人関係にはつきません。宗教の問題は、人間と人間とのあいだの関係にあるのではなく、自己と宇宙とのストレートな関係にある、と言わなくてはなりません。人間は社会の中にありながら、同時に宇宙の中にもあります。宇宙の中にあるというだけではありませんが、社会の中にあるだけでもありません。もし人間が社会的存在というものだけだったら、宗教というものは生まれないと思います。

ここで宇宙の中にあると言うときの宇宙とは、自然科学的宇宙のことではありません。物理学者や、天文学者が言うところの宇宙ではなく、過去・現在・未来というものを包む全体、つまり、時間と空間を包む全体のことです。われわれはものごとを考えますとき、普通は時空を尺度にして、時間の中で考え、もう一つ空間の中で考えています。時間、空間というものがものを考えるときの一番基礎的な枠組みになるのです。ですから、宗教を時間と空間の枠組みで考えることもできるわけです。たとえば浄土真宗は、インドに発生した大乗仏教の伝統を受け、中国を通り日本へきて、今日まで千何百年になる、そして日本という社会の中で大勢の信者を獲得しているところの一つの社会現象だと見ることができます。そのように見た場合には、浄土真宗は時間と空間の中にある現象であります。しかし、それだけでは浄土真宗というものの本質は捉えられないと思います。

宗教とはわれわれが、この人間社会や地球の上に生きているあいだの生活をどうするかという問題ではなく、仏教の言葉でいえば生死《しょうじ》の一大事をどう解決するかという問題です。それは時間、空間の中だけにおさまらない自己の問題の解決です。自分は何のために生まれて来たのか、死んだらどうなるのか。この自分とはいったい何者か。こうした問題は自分が生まれてから発生したのではなく、生まれる前から自己が抱えている問題です。だから、自分が死んでしまえばそれで終わる問題でもありません。死んでもやっぱりそういう自己の問題は残るのです。死んだら自分もなくなって、自分の問題もなくなるということはありえない。死ぬぐらいではこの問題は解決しない。キェルケゴールは、絶望とは「死に至る病」だと言いました。死んでも死にきれない問題が人間にはあるということを言ったわけです。罪の問題を、キェルケゴールはそういう種類の問題として捉えています。絶望という精神の病は、死んでも死ねない病というのです。身体の病気なら、どんなに苦しい病気でも死で終わります。どんなにつらい癌でも、死ねば静かになる。死がやってきたら、もう苦痛はなくなる。病は消えてしまうわけです。けれども絶望という病だけは死によって終わらない。死んでも死にきれない自己の永遠の問題、そういう問題が、キリスト教でいう罪の問題だ、とキェルケゴールは『死に至る病』(一八四九年)という書物の中で申しました。つまり、宗教の問題というものは、もともと人間が社会や歴史の中に生きているあいだだけの問題をはみだすということです。

われわれが自分自身を社会的存在とか歴史的存在とか言っているのは、いわばわれわれが着ている着物みたいなものです。私は着物を着ているけれども、着物が私だとはいえない。着物を着ない私は普通にはありえませんけれども、着物が私だと言ったら、これは変なことになる。裸の私が着物を着ているのです。宇宙の中にある自己というものは裸の自己です。もちろん時間、空間の中にあるという面を省きますと抽象的になります。私たちは身体をもっていますから、時間、空間によって限定されていることは事実です。身体なしには人間は具体的になりません。けれども、だからといってその身体をもった心理的な自己、時間と空間の中の自己が即ち自己の全部だと言ったら、これはもう宗教の問題は消えてしまうわけです。昔から、「後生《ごしょう》の一大事」とか「生死事大」とかいわれてきた問題はそういう時空をはみだす私の問題です。それを宇宙の中にある自己の問題と言っていいでしょう。自己を宇宙内存在として捉えていくところに宗教がある。本当の宗教は当然そうでなければならないと思います。宗教がどれだけ現実の社会のいろいろな問題に対処していかねばならないと申しましても、対決する基礎をそもそもどこにおくのかということです。対処する一番基礎が問題だと思います。社会の問題を無視していいということではなく、その社会の問題に本当に関わっていくときの一番の基礎はどこにあるかということです。

このようにシュライエルマッハーは、宗教というものは、人間と社会との関係ではなくて宇宙との関係だと言ったのです。そしてその宇宙との関係になれば、どれだけ社会の中では能動的な人間でありましても、まったく無力になります。そこでは人間世界の中のあらゆる相違はすべて意味をなさなくなる。権力があるとかないとか、男であるか女であるかとか、才能があるかないかとか、そんなことはすべてこの世の中だけのことです。宇宙はそんなものを認めません。宇宙の前に出たら、人はみな裸にされてしまいます。

根本不安をいかに解決するか

宗教哲学にはシュライエルマッハーのほかにもいろいろあります。彼より早く、カントが『単なる理性の限界内における宗教』（一七九三年）という本を書きました。また、フィヒテやヘーゲルの宗教哲学があります。とくにヘーゲルの哲学体系はそのまま宗教哲学だといってもいいほどです。ヘーゲルでは宗教は哲学体系の根本になっているのです。その他、今世紀に入ってもたくさんの宗教哲学がありますけれども、シュライエルマッハーのさきの定義を抜くだけの定義はいまでもないのではないかと私は思います。

しかし、もちろんそれにしても今日ではシュライエルマッハーの思想を少し補足する必要はあります。シュライエルマッハーは現代からみますと調和の時代に生きていた思想家です。『宗教について』は一七九九年に出ましたから十九世紀に入る直前です。このあとにドイツ観念論や浪漫主義の思想が出てまいりますが、それはまだ人類の力、人間の可能性というものへの信頼がヨーロッパ人の中に強かった時代です。ですから現代から考えますと、あるいは仏教の視点を入れて考えますと、この定義だけでは少し抜け落ちたところがあります。

それはどういう点かというと、人間存在が宇宙の中にあるというときの根本的な不安を問題にしていないということです。彼は宇宙の中にある人間的存在の肯定面だけを問題にしたのです。宇宙に抱かれているという面だけが強調されています。けれども、われわれが宇宙の無限の中にあるということは、これはじつは大きな不安でもあります。有限者が無限の中にあるということは、有限者が無限の中へ吸い込まれていくという仕方でしかありえないわけです。有限者と有限者との関係だったら、そういうことはありません。しかし、有限と無限との関係になりますと、無限の前では有限というものは点になり、否定されざるをえない。ヴァニッシィング・ポイント（消滅点）と言いますか、消滅していかざるをえない。有限なものは絶えず無限の中へ消失するという仕方でしかありえないのです。そのことは有限者にとっては大きな不安であります。だから、あらゆる人間は不安です。不安をもたない人間は一人もいない。なぜなら、不安とは、彼が無限の中にあるというそのことからくるところの人間存在のあり方だからです。キェルケゴールやハイデッガーが言う不安というのは主観的な心理現象ではないというのは、じつにこの点です。

不安などと言いますと、それは人間の主観的な意識、感情もしくは心情と思われがちです。不安を感じる人もいるが感じない人もいるというふうに考えてしまうかもしれません。不安というものは主観が抱いたり抱かなかったりする心理現象、精神現象のように考えられがちです。しかし、そういう心理学的な感情は有限な物に対した場合の感情です。仮に恐怖と不安とを区別してみればわかると思います。たとえば、核戦争の危機が迫ってまいりますと、みんな核に対して恐怖をもち、大国間の関係が険悪になってくると、核戦争でも起こるのではないかと心配する。あるいは、どこかで核の実験が行なわれますと汚染を恐れます。ところがそういう状況が消えますと、その恐怖はなくなる。そういうふうに消えたり現われたりするのは、じつは恐怖というべきものであり、それは恐怖の対象が有限物だからです。ところが不安というものは、人間と有限なものとの関係ではなくて無限なものとの関係において生ずるものです。無限は有限を吸い込んでしまう、有限は無限の中では虚無だと言い換えてもいいわけです。われわれの存在が無限の中にあるということの意味をもっと鋭くしますと、われわれの生存というものは、じつは無の上に浮いている、底のないところから生きているということになります。われわれの存在の足元には、足をつける安全なものは何一つないわけです。われわれの存在の根底には、底のないところがあって、その上にわれわれの存在は成り立っている。これは大変な不安であります。どんな気の強い人でもこの不安をまぬがれることはできません。

　不安とは、われわれのこのような存在構造が直接にわれわれの心に反射しているところのわれわれのあり方をいうのです。不安というものは心理現象ではなくて人間の現存在の根本気分だと、ハイデッガーは言っています。根本気分（グルントシュティムンク）ということは、われわれの存在の根底に何もないということがそのまま人間に反射しているような気分という意味です。そうしますと、不安をもたない人間は一人もいないのです。そして宗教は、まさしくこの根本不安の解決です。われわれの存在そのものがもっている不安を根本的に解決するのが宗教なのです。

　その根本不安の解決ということが、それぞれの宗教の教義の言葉、いろいろな宗派の独自の表現や概念でいわれているわけです。たとえば、親鸞聖人がいわれる「生死の苦海《くかい》」とか「一切群《ぐん》生海《じょうかい》」ということもそうです。それは一方では、われわれがその中にある世界のことでもありますが、同時にまた、それがそのままそういうわれわれ自身のことでもあります。生死内存在というものは底知れない不安です。それは始めも終わりもない迷いであり、はてしない輪廻であります。阿弥陀仏による救済というのは、その生死海、私を吸い込むその生死海が、そのまま不思議にも弥陀の願海に転ぜしめられるということでしょう。私を吸い込むと思っていたその同じ海が、じつは私を浮かばせ、私を支えていた願海に、弥陀の光明の海に転換するという、その大転回が他力の信心だと教えられています。人間存在の根本的な不安の根本的な解決ということです。これは私の存在のあり方が変わるということですから、私の主観的な気分が変わるというようなことではないのです。自己そのものの根本的解決です。生死海の表面に何かまにあわせの板きれを浮かべるというようなことではありません。「正像末和讃」では、「生死大海の船筏」とか「大願の船」といったメタファーが出てきますけれども、それは根本的には海そのものの転回です。生死の海がその生死の海のままで、弥陀の願海に転ずるという、存在構造そのものの変化の自覚のことです。

宗教は、現存在の根本的な不安の解決であります。そうしますと、宗教をもたない人も、もっている人もあっていいというようなことは、本当はありえないわけです。不安を感じる人だけが宗教をもてばいい、不安を感じない人はもたなくてもいい、宗教をもつかもたないかは本人の自由だということにはなりません。宗教をもたない限り、人間存在というものは、真実には人間存在たりえないのです。

そういう宇宙の中の人間存在ということを、浄土教の言葉で申しますと、たとえば善導大師の

「自身は現に是れ罪悪生死の凡夫、曠劫《こうごう》よりこのかたつねに没し、つねに流転《るてん》して、出離《しゅつり》の縁あることなしと信ず」という言葉です。われわれが無限の中に生きたり死んだりしているのは、曠劫よりこのかただ、つまりこの世だけの社会存在ということではなく、生まれる前から、そして死んでからもそうだということです。誕生と死のあいだにはさまれたごくわずかなこの世の私の問題のことではないのです。そういう意味において善導大師もやはり宇宙の中にある罪悪の自己というものの解決のことを言っている。宇宙の中における自己を発見しているわけです。自分を罪悪生死の凡夫として捉えたときには自分をそういう宇宙内存在として捉えている。無限に死にかわり生きかわりして、生死の流転の中にある自己は、永遠に自力ではそれを脱却できない。脱却できない限り自己は根本的な不安の中にある。死んでもその不安はなくならない。忘れていても消えない。

そういうわれわれのどうすることもできない現実を、善導大師は「罪悪生死の凡夫」というふうに表現したのです。罪悪生死の凡夫という自覚は、自分で私は罪深いものと思っているというような主観的な感情のうえでの道徳的反省ではありません。道徳的反省は社会の中だけのことですが、これは宇宙に接触したときの自己の存在への覚醒をいうわけです。

宗教が挑戦を受けている時代

もちろん宗教というものは、科学や政治とちがって、すぐれて主体的な問題です。つまり、信をとるかとらないかというのは各自各自の決断だということはあります。親鸞聖人も『歎異抄』の第二条をみますと、念仏をとるかとらぬかは、面々の御はからいだとおっしゃっている。そういう意味では信心は主体性の問題だと言うべきでしょう。けれども、その主体の決断を通して入った世界というものは、これは普遍的で客観的な厳然たる世界です。そこへ入らない限り人間の事はやはりすべて迷いであります。入りたい人だけ入ったらいいという問題ではないのです。

西谷啓治先生の『宗教とは何か』(創文社)という本があります。これには独訳も英訳も出ています。ハイデッガーの弟子のオットー・ペゲラーという有名な学者は、科学技術との対決の問題に関しては、西谷先生のほうがハイデッガーよりもすすんでいるという批評を書いています。その本の一番最初のところに、宗教というものはそれを必要とする人だけのものではないということが言われています。たとえば、私は宗教を必要としない、宗教などは自分には必要ではないと言っているその人にこそじつは宗教は必要なんだ、と述べています。

宗教以外のものについては、そんなパラドキシカルな関係はありません。たとえば、腹痛の薬を必要とするのは腹が痛い人であって、腹が痛くない人はそんなものはいらないでしょう。あるいは、薬の勉強をするのは薬剤師になろうと思うからで、八百屋になろうという人には、薬の勉強はいらないわけです。すべて社会の中の必要品といわれるものは、それを必要としている人にとってだけ意味があるのであり、必要としていない人には何の意味もありません。ところが宗教だけはそうではないというのです。ある人が宗教を必要としていないということは、その人はまだ自己というものに目覚めていないということなのです。ですから、そういう人にこそ宗教は必要なのだということになります。宗教の必要と他の事柄の必要とは根本的に違うと言います。これは、宗教が決して個人個人の心理現象の問題ではない、自分の心情の主観的満足ではないということです。

近頃は、私にとって必要なものとか、いいものとかいう、そういう発想がひろく蔓延していまして、現代人の考え方が主観的になっていると思います。あなたにとってとか、私にとってとかいう、言い方が流行します。だから宗教も何か心情の満足、たとえば宗教活動に参加すると連帯感がもてて何となく生き甲斐を感じるという、そういうことが宗教だという誤解があるようです。しかし、宗教はたんに心情の満足ではない。心情なんか満足したところで生死の問題の本当の解決にはなりません。宗教の問題というのはもっと客観的な問題なんだということが言えると思います。

ところが、現代の宗教の問題は、シュライエルマッハーやカントやヘーゲルなどの時代と違いまして、少し状況が変わってきました。シュライエルマッハーが宗教論を書いた時代は、すでに教養人が宗教の真理を疑いだしたという状況はありましたが、宗教の存在そのものが否定されるということはまだ起こっていません。十九世紀の中頃まではそういう状況はなかったのです。宗教にとって代わるような新しい勢力はまだ出現していなかったからです。新しい勢力とは、言うまでもなく科学でありますが、その科学は十九世紀の中頃まではまだ宗教そのものに反対していないのです。ところが十九世紀の終わり頃から、科学が宗教にとって代わるような大きな力、科学的世界観というものになるということが起こってきました。これによって宗教は、永いあいだ占めていた人間精神の主役の座から追い払われようとするのです。宗教の退場、神々の退場ということが起こったわけです。

ハイデッガーは「世界像の時代」（一九三八年）という論文の中で、近代という時代を特色づける特徴を五つ挙げております。まず、近代科学、それから機械技術、人間の行為が文化として捉えられるようになったこと、さらに芸術経験が美学という視座へ移ったこと、五つ目には神々の退場、つまり宗教の衰退です。

そして、これらすべてのことの根本にある出来事が一つあると言っています。それは世界が客体になったということです。人間が主体の位置に立って世界を自分の前に見るようになったのが、近代という時代の本質だと言うのです。近代人にとっては、世界とは自分の眼の前にあるものの名だということになりました。自分だけはその世界の外にあって、世界を対象として見ているわけです。かつては、人間をふくめた存在者の全体であった世界が、たんなる客体、つまり部分になったということ、このことが近代という時代を特色づける根本だと言うのです。これは裏から言うと、人間がすべての中心になったということです。世界を対象化するということと相対的に連関して、人間が世界の中心になり、人間の蜂起が起こりました。これが近代というものの本質だとハイデッガーは言っておりますが、そこにやはり宗教の無力化ということが注目されているのです。

つまり、現代世界においては、宗教そのものが挑戦を受けているわけです。どれか特定の宗教とか宗派が挑戦を受けているというような、そんな生やさしいことではありません。宗教全体、つまり、永いあいだ人間の真実の生き方と考えられてきた思想や世界観が全体として挑戦を受けている。つまり、浄土真宗の危機とか仏教が危ない、キリスト教が崩れかかっているとかいう、そんな部分的なことではなく、宗教そのものが挑戦を受けているのが現代の実状なのです。本当の人間の生き方というものがはっきりわからなくなり、何か偽りの生き方が真理であるような、そういう状況が出てきている。いわば代理宗教、擬似宗教が出てきたということです。有限な相対的なものが絶対化された場合は、すべて擬似宗教であります。たとえば近代科学が、今世紀の初め頃まではそういう神の一つでした。今は少し変わってまいりましたが、それでも宗教が科学によってとって代わられたと信じている人々は現代でも多いようです。科学も一種の代理宗教に成りうるのでありまして、もし科学が人類を救うのだというようなことを言いだしたら、それはもう科学教という擬似宗教の出現であります。

科学が人間のいろいろな営みの中のどこに位置を占めているのか、ということに対する全体的な感覚が人間から消えてしまうと、科学は科学信仰になってしまいます。これは科学それ自身が悪いとか不要だとかいうことではなく、科学というものを人間の営みの中のどこに位置させるかということが大事なのです。科学といえども人間のやることでありますから、それを相対化してとらえなくてはなりません。ところが、科学だけが人類を救うのだということになると、もはや科学が宗教に代わってしまいます。

今日の新興宗教はみな、神でないものを神にしようとしています。相対的なものを神にしている。まず教祖というものが神になっています。日本の場合でも、かつての国家神道というのもその一つです。神道そのものは擬似宗教ではなく民族宗教ですけれども、軍国主義時代の国家神道は、宗教と政治権力とが結びついたわけです。これはアメリカの神学者ポール・ティリッヒが言った聖なるもののデモニゼーション（悪魔化）という現象です。つまり宗教が逆倒した形になって出現したのです。この世の相対的なものが絶対化されたのです。しかも、生きた宗教というものには絶えずこのような悪魔化がつきまとうのであって、無宗教の状態は起こらないんだというのが、ティリッヒの考えです。人間精神にはいかなる神ももたない真空状態はありえないというのです。人間は何かを神にしなければ一瞬も生きられない。相対者が絶対者をあらわすための道具、媒体となるという形であればいいのですけれども、相対的なものがそのまま絶対化されてしまうと、宗教のデモニゼーション、悪魔化になるのです。

マルチン・ルッターが批判した当時のカトリック教会も、そういう悪魔化の一つです。そこでは法王が神のような絶対権力をもっていた。法王を通さないと信者は天国へ入れないということになりますと、それは悪魔化したキリスト教です。カトリック教会という体制が非常に長いあいだつづいて硬直化してしまいました。法王が免罪符を信者たちに出したりしたのです。カルヴァンやルッターの「宗教改革」は、宗教のそういう悪魔化に抵抗して、本来のキリスト教をとりもどそうとした運動であります。そのほかにも、いろんなところで宗教の悪魔化が起こっています。さきに申しましたように近世になりますと、むしろカトリック教会が権威の座から追放されて、科学がその後釜にすわるという、科学信仰が生まれてきたわけです。今世紀になってからは、左右の全体主義や社会運動など、いろんな政治的なものが擬似宗教に成っていると思います。

最近の日本では、ご存知のように、新宗教、新々宗教といわれるいろんな宗教が出ています。これはいかに人間は精神的真空の中で生きられないかということの証拠です。何ものにも頼らないで生きるというようなことは人間にはできないのです。私は無神論者ですと言っている人でも、何かを神にしている。お金を神にしたり、文化生活を神にしたり、科学を神にしたり、あるいは女性を神にしたりしています。ニヒリストといっても虚無というものを神にしている。みんなやっぱりそれぞれに神さまをもっているのです。こうしてみますと、けっこうみんな宗教を信じているわけです。ただし、その宗教というのは、じつは嘘の宗教、逆立し、倒錯し、悪魔化した宗教にすぎないということです。

このように、十九世紀の終わり頃からは、本当の宗教の存立の基盤そのものが、重大な挑戦を受けるという状況に入ったわけです。現在、宗教とは何かということを私たちが問うとき、このことを忘れるわけにはいきません。それを忘れますと、すべての宗教論は的はずれなものになってしまうと思います。ひとり仏教だけではなく、世界中の本当の宗教はみな、自らの基盤に対して、目に見えない不気味な敵の襲撃を受けているのです。しかもその敵が何かまだよくわからない、われわれの敵の正体がはっきりしない。襲撃者がどこにいて、それが誰かよくわからないのです。

浄土真宗が今日直面しているのもまさにこの問題です。どうしたら念仏の教えの真実というものが人々に伝わるか。その念仏の教えをはばんでいる敵がどこにあるかということがなかなかわからない。たんに信仰に対する積極的な反対だけでなく、無関心というものも、このような敵にふくまれます。とにかく匿名の敵みたいなものが、本当の宗教的な生き方や思想というものに対して攻撃を加えているという状況、それがあらゆる本当の宗教、世界宗教が置かれている今日の現状です。そしてそのあいだに、間隙をついていろいろな嘘の宗教が出てくる。神でないものを神にする、まにあわせの一時しのぎの宗教、さまざまな擬似宗教が出てくるのです。もちろん、そういうものはすべて時代の犠牲者にすぎません。つまり、本当の宗教を見失った現代というものを示す一つの現象にすぎないわけですが、それが救済者のような顔をして出てきているのです。そうしますと、今日の宗教は、自分自身のあるべき姿をあらためて問い直さなくてはならないところに、いまきていると思います。浄土真宗とは何かということがたえず、浄土真宗の中で問われなければならない。浄土真宗が何かということがはっきりしていた幸福な時代はもう終わったというのが私の考えです。

西欧でもカントやシュライエルマッハーなどが宗教哲学を立てた時代は、宗教とは何かを問うのはもっぱら哲学者の仕事でよかった。それは哲学者だけの役割りであったので、宗教の方は別にそれを問う必要がなかったわけです。宗教はまだはっきりと人間生活の中に根をおろしていたからです。けれども、現代は宗教の存立そのものがはっきりしなくなった時代です。哲学者だけに問題をまかせておくわけにはいかない。宗教に携わっているもの自身が、自己自身のことを問わなくてはならない。そういう大きな状況の変化に現代のすべての宗教は置かれているのです。

しかし、ひるがえって考えてみますと、宗教や宗教人というものは、もともと自己自身に対する問いをもつべきものであります。お釈迦さまの一生をみましても、たしかに悟られてからは説法ばかりなさっているようですが、しかしやはり、お釈迦さまの説法の中には絶えず自己への問いがあったにちがいありません。それによって仏の立場でどこまでも前進し、向上していかれたと思います。悟るまでは問うていたけれども、解脱《げだつ》以後は説教ばかりしているという、そういうことではないので、絶えず真理とは何かという大きな問いが、お釈迦さまの心中にもあっただろうと思います。

親鸞聖人の場合も、『教行信証』の執筆や改訂を何年もかかってやっておられます。五十歳くらいからはじまり、晩年になってもそういう仕事がつづいています。そこにはやはり、浄土真宗とは何かという休みない問いが絶えずあったのでしょう。その絶えざる問いかけが、聖人の浄土真宗というものに尽きることのないダイナミックな生命を与えたのだと思います。問いを失った宗教というものは、人々の魂を揺さぶる生命力を失い、硬直して、衰弱し、死んでしまうのであります。

今日の私ども真宗人をとりまく状況は、真宗とは何かがすでにわかっていて、あとはそれをまだ知らない人々に伝えるだけだ、というような単純なものではないだろうと思います。ですから、浄土真宗とは何かという問いが絶えずなければならない。その問いといっても、別に哲学的に何か難しい理屈を言えということではなく、いわば宗教の原点へ立ちもどろうとする態度のことです。宗教の源泉へのそういう初心の問いの態度のようなものが、今日われわれに何よりも必要だと思われます。それが宗教の本質というものを絶えず考える、宗教とは何かという問題の核心だろうと思います。

死をどう考えるか

現代の人間の世界観と近代以前の人間の世界観とを比べますと、いろいろな違いがあると思いますが、その中でも大きな変化は、何よりも死ということに対する態度の変化だと思います。この頃は臓器移植や脳死の問題について、生命とは何かという問いがもう一度われわれに突きつけられてきています。

医学の進歩の結果、脳死という生きているのか死んでいるのか常識ではわからない状態が出てきました。これは、脳幹や大脳の機能は停止しているが、レスピレイターで人工呼吸をつづけるから心臓は動いている、という状態です。そこではまだ身体があたたかいし、ものは言わないけれども、とにかく生きているように見える。植物人間、植物状態というのは脳死とは違います。植物状態の場合は脳幹が生きておりますから、自力で心臓も動き呼吸もしています。ただ大脳機能だけが死んでいるのです。

従来の医学のレベルでは、生と死との境界を一応わかりきったように思っていたのですが、今日ではかならずしもそうでなくなった。脳死の人間は、いったい生きているのか死んでいるのか。生きていると考える立場の人々は臓器移植に反対するわけですし、死んでいるというほうは臓器移植をすすめようとする。脳死になりましても、視床下部から出るホルモン分泌もいくらかあるという報告が専門家から出てきますと、それをクリアしなければならないことになって、またいろいろ議論になります。

普通の死であっても、かなり長いあいだ内分泌はあるし、髪も伸びるし爪も伸びます。なかには心臓が一時的に動き出して、数時間動くこともあるようです。いったい生と死のあいだの限界線は、医学的、学問的にはひけないそうです。近代医学になってからは三徴候説といって、心臓停止、呼吸停止、瞳孔の拡大という、三つのことがあれば死だとされました。しかしながら、この死の判定でも理論的な結論ではないのです。つまり、この三つのことがあってからは、誰も生き返らなかったという臨床上の経験的な事実のうえから、それを死としているということです。死とは何であるかということは、医学的に、理論的には言えないようです。医学的な議論はいくらでもあるから、結局あとは法律家に決めてもらわなければならないことになりますが、その法律でも死について成文法はない。だから、彼は死にましたというようなことは厳密には言えなくて、彼はもはや立ち上がらないだろうと言わなければならないという、それが死という現象についての正確な言い方だということになるのです。私自身は脳死を認める立場の一人ですが、ここではこの問題にはこれ以上立ち入りません。

このように、古来から人類の一番古い大きな問題であった死とは何か、あるいは逆にいうと、生きるということはどういうことかという問題が、現代の先端科学の最前線において、まだかならずしも解決されていない問題として、人類の前に出てきたのであります。

死というものをどう考えるか。古今東西の強力な宗教家や思想家たちは、みな生を考える場合に死と一緒に問うてきたようです。最近ある哲学会で、「生命とは何か」というシンポジウムが開かれました。私もその一人として参加したのですが、他の人たちは死ということを一言も言わないのです。生命についての哲学の報告をするのに、死ということを一言も言わない。たった一回出てきた死という文字は「死ぬも生きるも金次第」という言葉でした。現代の日本の哲学は、哲学者の条件を失ってきたのではないかという気さえいたします。死を正面から問題にしないようなところから、はたして本当に力のある哲学の思想は出てくるのだろうかとひそかに思った次第です。

いったい昔から、偉大な哲学者たちで、生を問うときに死と一緒に問わなかった人は一人もいません。二流三流の哲学者は別にしまして、一流の思想家において、生を根源的に問うた人はみな、死と一緒に生を問うています。たとえば、ソクラテスやプラトンがそうです。ソクラテスはちょっと悟りみたいなものをもっていた人ですから、死ぬことを何とも思わなかった人です。身体と共に魂も崩壊するというようなことは、真理を本当に求めていない人間の妄想にすぎないということを真剣に説いています。魂、つまり自己というものは、身体の死などによって何一つ変わらないということを、別に力むこともなく、もう明々白々のこととして淡々とソクラテスは語っています。ソクラテスのこの信念は、お釈迦さまの悟りと同じかどうか知りませんが、とにかく万人が恐れる死を恐れなかった人が歴史上にいたということは、これは疑えない事実であります。弟子のプラトンは、そういうソクラテスの人格に決定的な影響を受け、政治家の道をあきらめて哲学者になって、たくさんの対話篇の中に先生の不滅の思想を書き残した。ソクラテスとちがってプラトンは不死の証明をやっています。人間の魂の永遠なるゆえんを論証したのです。

ソクラテスやプラトンの思想を簡単に申しますと、人間の生命というものは、一番根本では、不死で永遠なる生命というものによって支えられているという考えであります。魂というものは時間の中で生滅しない。では、その魂の永遠というものをわれわれはどうやって実現できるのか。それは、ソクラテスでもプラトンでも、死んでからではなく、生きているあいだに真理に触れた人間は真理と一つになって不死だ、というのです。プラトンは、イデアの認識という言葉でそのことを申しました。イデアという永遠の実在を知った人はイデアと一つになる、永遠になるという。真理を知るということは、真理と一つになることだ、という。そのように、肉体の死によっては少しも左右されない自己の魂の永遠というものを、ソクラテスもプラトンも主張しているのでありまして、それが彼らの哲学の一番の基礎になっているのです。

プラトンによれば、哲学とはたんにいろいろなものを知る、知識をたくさんもっているということではありません。あるいは論理的に相手を反駁する手段が哲学ではないのです。その当時、アテネのソフィストと呼ばれた人々は、そういう弁論術によって、相手を言い負かすことに生き甲斐を感じていた進歩的文化人や唯物論者でありました。しかしプラトンやソクラテスは、そういう唯物論者たちと闘ったのです。プラトンは八十歳をすぎてもなお、ソフィストたちを相手にして、魂の不滅という理論を情熱的に展開しています。プラトンにとって哲学とは何かというと、死に対する準備を整える道だったのです。哲学の道とは、死を超えていく道だ、生きているあいだにその準備をすることが哲学だというのです。

真理を知った人間には、生前も死後もどんな災いもないということを、ソクラテスは裁判官に向かって言っています。これはプラトンの『ソクラテスの弁明』という対話篇の中に出ております。法廷の裁判官に向かってソクラテスは、君たちともいよいよお別れだ。君たちは生き残るために、僕はこれから死ぬためにお互いに別れる。しかし、死ぬのは何も僕だけではなくて、僕を死刑にする君たちもやがては死ぬんだから、僕がこれから言うことはよく覚えておくがいい。君たちにもきっと参考になるだろう。それはどういうことかというと、生きているあいだに真理を知った人間には、生前にも死後にも妨げになるものは一つもない、死すら妨げにならないということだ、と言っています。死を超えていける自由な道の発見、これがプラトンによって伝えられたソクラテスの不滅の思想であります。

真理を知った人間には何も妨げがない、さえぎるものは一つもない、最大の敵と思われる死すら、真理を知った人間を妨げることはできないんだと。これは『歎異抄』の中にある「念仏者は無碍の一道なり」という言葉と似ております。ソクラテスは生きているあいだの自覚の大切さを言っているわけで、死んだらみんな幸福な世界へ生まれるというような未来の期待を言っているのではないのです。生きているあいだに真理に出会えなかった人間は死んだところで何も変わらない。たとえば、今度は鷹に生まれたり、馬に生まれたりするという、仏教の六道輪廻に似たことをプラトンもやはり言っています。それに対して、生前に真理というものを知った人間には浄福な永生があるということを述べています。

ヨーロッパの生の哲学

このようなプラトンの考え方は生の哲学と呼ぶことができると思います。大いなる生命というものを、時間の中の生の根本に考えた思想です。それからキリスト教の背景にも生の哲学があります。キリスト教の教えも永遠の生命を説きます。「我は道であり、真理であり、命である」と、イエスは『ヨハネ伝』の中で弟子に言われています。「我は復活であり、命である、我を信ずるものは死すとも生きるだろう。生きているあいだに私を信ずる者は決して死ぬことはない」と。

死を超えていく永遠の生への道というものを、キリスト教も説いたと思うのです。

もちろん、キリスト教とギリシャ哲学とでは、違うといえば根本的に違うともいえます。ギリシャ哲学は人間の理性による思想、つまりロゴスの哲学でありますし、キリスト教のほうは、イエスという人間が神の子だと信じる啓示信仰です。理性にとってつまずきとなるような啓示、あるいは復活のパラドックスをそのまま受け入れるという宗教の立場ですから、冷静な理性的分析の精神とは違うわけです。両者のこの違いは、やがて中世のキリスト教神学の中で、いわゆる知識と信仰の統一の問題となって出てきます。しかし、死ぬべき人間のこの世の生存の根底に永遠の生、不死というものを考えているという点ではやはり共通点があります。

近世のヨーロッパ哲学の主流の中にも、この生の哲学は流れております。デカルトやカントやドイツの観念論の場合がそうです。たとえばカントは、道徳的な命令というもの、「汝なすべし」という実践理性の命令が、自分という存在に対して与えられてあると考えています。ところがこの実践理性の命令は、短い人間の地上的生存の中では決してはたすことのできない無限な課題です。人生はせいぜい百年、そんな短い時間の中で、この大きな課題をとてもはたせない。しかし、その課題をなくすることはできない。課題はどこまでも私に課せられているのです。そうするとどうなるかというと、私の存在に時間は決っていない、私の自己は永遠だということにならざるをえないとカントは考えたわけです。この世の肉体の死と共に自己そのものはなくならない。なぜなら、無限な課題というものが自分に課せられてあるからです。死にたくないから何か次の世があるだろうというのではなくて、私の中に課せられているその永遠の課題が真理であるならば、その真理がそれ自身を実現するためには、私を肉体の崩壊と共に抹殺することはできないはずだという考え方が、カントの道徳哲学の核心です。これもまた、自己存在の永遠、生命は永遠だという思想です。

ゲーテの場合もやはりそうです。ゲーテは自分の内に感じられる無限な活動の意識から出発して、自分の生命が永遠であることを論じています。自分の中には無限にものを作り出そうとする尽きない衝動がある。これがある以上、現在の生存の形式が私の精神を支えきれなくなったとき、自然は私に別の生存の形式を与える義務があるんだとゲーテは言うのです。ゲーテはまた、ワイマールに近い森のそばで燃え落ちていく夏の太陽を見ながら、太陽は地上の人間の目には沈んでいくように見えるが、実際は沈まずに輝きつづけている。われわれの精神もそれと同じだと言っています。(『エッカーマンとの対話』)

要するに人類の歴史の中で、人間は死んだら終わりだというふうなことを言った偉大な思想家は一人もおりません。ゲーテと同年代のドイツ観念論のフィヒテは、とりわけこのことを明確に大胆に述べた哲学者です。フィヒテくらい万人の恐れる死を軽くみた人はいないとも言えます。彼の哲学は「知識学」といって、人間精神の非常に精緻な分析の体系ですが、その壮大な哲学体系の基礎にあったものは、やはり大いなる生命の直感です。フィヒテほど大胆に死の軽さと真の自己の永遠ということを言った人はないようです。フィヒテにとっては、死などは本来ないのです。純粋な死というようなものはありえないということが彼の信念でした。

では、死というものはどこにあるか。それは、本当に生きることのできない人間に対してだけある。本当に生きることのできない人間は自分では生きていると思っていても、じつは死んでいるんだとフィヒテは言っています。そういう人は生きているうちからすでに死んでいる。生きているように見えるだけで、じつは死んでいるのだというのです。毎日毎日、飲んだり食ったり、働いたりしているだけの生なら、これは生きているのか死んでいるのかよくわからないでしょう。酔生夢死の一生という言葉があります。それではいったいどこに死があるかというと、このように本当に生きることができない彼の生の中に死の出てくるもとがある、とフィヒテは言うのです。つまり、真の生というものを見ることのできない彼の目の中に死がある。生を見ることができないから死があるんだ。逆に申しますと、生を本当に見ることができたら、死などはどこにもないんだということになります。

これは一つの思想として非常によくわかります。仏教はもちろん、この考えと同じだとは言えませんが、これはこれで一つの説得力がある思想です。フィヒテはいわゆる自然界の中にすら死というものはないんだと言っています。自然とはつまり生物学的な自然のことですが、そういう自然界にも死はない。死という現象は生がだんだんと高まっていくプロセスにすぎない。つまり、歳をとった生の背後に、もっと新しい生き生きとした、より力強い高次の生があらわれてくるというのが、われわれが普通「死」と呼んでいる現象の正体だ、ということをフィヒテは説いています。たとえば、個体の出生とは胎児の生というものにおいて死んで、胎児の状態を脱ぎすてることだとも言えます。子を生んで親が老い死んでゆくということでもやはり同じでしょう。つまり、死と生の対立というものは、じつは、生が生自身をより力強く展開するために、自分自身と行なうところの闘いなんだというわけです。物理的な運動、無機物の現象と生命運動とはこの点で違う。物理的運動が、自分を実現するために自分と闘うというようなことはありえないのですが、生命の運動というのは、生物学的な生命においてすら自分と闘うということがある。その闘いが普通に死というふうに呼ばれているにすぎないと、この生の哲学者は教えているのです。

　自然物でなく人間存在の場合になるとなおさらそうなります。フィヒテは私は私自身に対しては死なないと言っています。それでは誰に対して死ぬのかというと、他人に対してつまり遺族や友人に対して死ぬ。自分の死後に残ってくる人に対して死ぬだけだと。これもよくわかります。たとえば、私が仮にここで倒れて死んだとしたら、みなさんは、彼は死んだと言うかもしれませんが、私自身は、自分は死んだとは言わないでしょう。それはみなさんが言うだけのことであって、死んだ本人が、私は死んだなんてことは言わない。だから死というものは、私自身に対しては（対自的には）存在しないのです。そして、この対自的な自己こそ、自己存在の本質、自己そのものだというのがフィヒテ哲学の根本思想です。自分に対してある自己、これが本当の自己であって、他人に対してある自己は本当の自己ではない。人々が死というものは、他人に対してある自己に属する現象にすぎない。近所の人々や遺族に対してあるとか、会社の同僚に対してあるだけです。けれども、その死んでいる当人自身に対しては死などはない。フィヒテが説いた人間存在の自覚というものは、じつにこのような対自存在としての真の自己の発見、永遠なる自己への目覚めだったのです。

ハイデッガーの限界

このようにプラトンにはじまり、キリスト教を経て、近代のフィヒテにまで至るようなヨーロッパの生の哲学の二千年の伝統がありました。ところが、このような生の哲学に対して根本的な挑戦をしたのがハイデッガーというドイツの哲学者です。彼の『存在と時間』（一九二七年）という本、これはフライブルク大学のフッサールの助手であった無名のハイデッガーが一躍有名になって、ドイツ哲学界の中心におどり出ることになった本です。この本の中で彼は、プラトン以来のヨーロッパの生の哲学の伝統を批判して、これと反対ともいうべき死の哲学を展開したのです。人間存在、彼の言葉で申しますと、「現存在」というものは、ザイン・ツム・トーデ（死への存在）だということを言ったのです。

　われわれは生まれたときに、すでに死ぬようになっている。人間は誰でも死ぬということは知っているわけですが、たいていは、死とはいつかは向こうからやってくる現象だと思っているのです。つまり、生きていくうちに、ある日、死が外から突然やってくると思っています。あるいは、だんだん死に近づいていって、そのときまで自分がひっぱってきた生の糸が突然断ち切られる、そういうアクシデント、それが死だというふうに考えています。つまり初めはなかったものが外からあらわれてくるのが死だ、初め遠くにあったものがだんだん近づいてきて形をとる、それが死というものだ。これが死に対する一般の考え方です。ところが、それは根本的な間違いだということをハイデッガーは言ったのです。そうではなく、死というものは、私の誕生のときからはじまっているというのです。私は死へ向かって生きているんであって、それ以外の生き方はできないわけです。すべての人間は生まれたときに、もう死ぬだけ十分な歳をとっている、というような表現もハイデッガーはしています。死は生の終わりに出てくる現象ではなく、生のそもその初めからある。そして一瞬一瞬、生と同居している。つまり、生きているという現在の自分のすぐ下に絶えずあるものが死だというのが『存在と時間』の思想です。

これは、ある意味で仏教に近い考え方であります。仏教でいう無常とは、そういう事柄でありましょう。われわれは平生は何か自分で頼りになるものを見つけて、それで安心しています。これで自分は大丈夫と思っている。しかし本当は、そのようなものでわれわれの存在を支えることはできない。いったん死がやってきたら、そんなものはことごとくふっ飛んでしまう。われわれの足下にぽっかりと虚無が口を開くわけです。

死とは、現存在の存在不可能の可能性、現存在が存在できなくなることの可能性だと、ハイデッガーは定義しています。死はアクシデントではなく、人間の内にある可能性だというのです。だから、その可能性としての死を平生から先駆して受けとる、生きているあいだに死というものを自分に引き受けるという態度が、死の問題の唯一の解決になるとハイデッガーは言います。生きているあいだに死を自分に引き受けるということがなかったら、人間は人間であるということの真実を全うできないというのが、ハイデッガーの『存在と時間』の一番大事な思想です。それがないと、人間は本当に人間であるとはいえない。死を自覚しないで彼は死んだわけだから、その人は人間になっていなかった、真の人間存在とはいえないというのです。人間存在の真実は死というものを可能性として引き受けるところにしかない、死というものを自覚するところにはじめて人間がある、ということをハイデッガーは教えたわけです。これはある意味では、仏教が絶えず言ってきた生死無常の問題を自己の問題としてもつことが、本当の悟りや救いへいく条件だという考え方、「生死事大」とか「後生の一大事」と言われている考え方に大変近いところがあると思います。

ハイデッガーは、このように二千年来のヨーロッパの生の哲学の伝統に対して、一つの挑戦をしました。人間存在の根底には、ソクラテス、プラトンが説いたような不死の実体、不死の魂とか、キリスト教が説く永遠の生というようなものがあるのではない。死があるだけだ。そしてその死がじつは現存在の根底をなしている。つまり、われわれの自己存在は死という根底から可能にされているんだという思想です。言い換えますと、死の自覚こそ人間が真理というものを発見する唯一の場所だということを教えたのです。第一次大戦のドイツの戦線から帰ってきて、死に直面する経験をした知的で敏感な学生たちに、ハイデッガーの本は強い影響を与えました。この本のもつ独特な暗さと迫力、それが当時の若い人々の感受性を圧倒的な仕方で捉えたのです。それはなぜかと言いますと、永遠の生とか、死後の天国とか、そういう伝統的観念、つまり「生の哲学」が人々の現実の生活経験に対してもはや説得力をもたなくなってきたからです。

ところで、われわれ今日の場合はどうでしょうか。往生浄土ということは、現代人にそのままで説得力があるかどうか、この点が今日の根本の問題です。これは大変難しい問題です。とにかく、そういう性質の状況が『存在と時間』が出た頃からいよいよ顕著になったのです。既成のキリスト教会が説くような死後の永遠の生とか、天国に生まれるとか、神が存在したまうとかいうことが、牧師さん同士や信者仲間では話が合うけれども、その外部の世間一般の人々には、もう一つ説得力がなくなっているようです。

ハイデッガーのこの『存在と時間』という本は、現代人のこうした状況をふまえているのです。ヨーロッパの伝統的な宗教や形而上学が崩壊し、生の哲学はもはやヨーロッパ人の人生経験、生活経験を支える力をもたなくなってしまった。そういう状況の中でハイデッガーは、死を見よと教えたのです。永遠の生命が信じられないならば、われわれには死しかない。人間は死ぬだけだぞということを言ったわけです。いったい君は何のために生まれてきたのか。死ぬために生まれて、死へ向かって生きているんだ、それが君の、というよりもあらゆる人間存在の真相である。その事実に君はどのように対処しようとするのか。この問題を君はごまかしたり笑ってすませるか、それとも心配になるのか。そこでハイデッガーは、この厳粛な事実を自覚的に自分の現在において引き受ける、勇気をもって死を直視する良心の覚悟、それこそ死の問題の解決だと主張したのです。

しかし私は、死ははたして覚悟ぐらいで超えられるだろうかという疑問をもつのです。覚悟や決断や勇気で死というものを解決できるだろうか。このハイデッガーの結論はどこか、武士道とは死ぬことと見つけたりという『葉隠』の考え方を思わせます。仏教的にいえば自力的なところがあります。絶えず死に直面して生きることが真理への道だという。これは死をまだどこか人間の敵と思っているところがあると思います。現存在の存在不可能の可能性と言っていますように、やっぱり死と全力的に闘わなくてはならぬというところがあって、フィヒテの場合とちがって死は重苦しくハイデッガーにのしかかっていると思われます。死に対する悟りという点からいえば、フィヒテの方が悟っているわけです。死はないとフィヒテは言い切っているのです。私は私自身に対しては死なない、他者に対して死ぬだけだというフィヒテの思想には、一種の悟りあるいは救いが見られますが、死を先駆的に決断して引き受けるというハイデッガーには、そういうものがないようです。『存在と時間』の頃のハイデッガーは、歳も若かったからですが、死の問題を十分解決できなかったようです。

いったいハイデッガーの思想の欠陥は、現存在の根底には死があるが、その死から、死の可能性から現存在が成り立っているという、そこはどのようにして成り立っているかが、もう一つはっきりしない点だと思います。自己が無へ吸い込まれていくという側面だけを言っておりまして、そういう死の根底から自己が生きえているのはいったいどういうわけかということが、もう一つはっきりしない。仏教の言葉で申しましたら、われわれの世界は生死の海だという面だけを明らかにさせているが、それが同時に弥陀の願海だという面、生死海が願海に転ずるという積極的な面をハイデッガーははっきり述べていないと思います。否定から肯定への転回が明らかになっていません。

ただ彼の後期になりますと、その点は人間が自己の意志やはからいを放下して「存在」に自分をまかせて、存在を一つの絶対者、仏さまのように考えてそれにまかせるというような思想になっています。ある意味では浄土真宗みたいなことを後期は言ってくるわけです。そこにハイデッガーの転回（ケーレ）といわれている大きな思想の転回が出てくるのですが、そうなると今度は逆に死の問題が消えてしまってくるので、それでも問題がやはり残ってくるようです。それはともかくとして、ハイデッガーの死の哲学というものは、従来のヨーロッパの形而上学と宗教に対して一つの批判を加え、われわれの現状を正直に診断したという大きな功績があります。ハイデッガーのこの批判が出てきてからは、従来のままのキリスト教や形而上学というものは、次第に保持しにくくなっているのです。もはや永生の哲学には説得力がなくなったと言えそうです。

大乗仏教の立場と可能性

このような生の哲学や死の哲学に比べまして、大乗仏教の立場は生死の哲学と呼ぶことができると思います。大乗仏教の生死の哲学は、われわれの存在の内には死なない生命があると考えて、その不滅の霊魂というようなものに固執するような、そういう生の哲学ではないのです。しかし反対にハイデッガーのように、生から死だけを切りはなして、死をどうするかということばかりを強調する死の哲学、死に執着する哲学でもありません。大乗仏教においては生と死を分けない、生と死は分けられないというのが根本の立場です。物事を二つに分けるのは、仏教では分別といって、これは事実のありのままに反する考え方です。生と死を分ける方がおかしいのです。われわれ人間はどうしても分けて考えざるをえないのですが、それは事実もしくは如実に反する。生きているもので死なないものは一人もいないのですから、生と死とは決して分けることはできないわけです。ところが、人間の分別というものは、その分けることのできないものを分けようとするのです。

生の哲学と死の哲学は、人間にとって宿命的なこの分別の二つのタイプだと考えていいでしょう。つまり、生の哲学にも一種の分別があるし、ハイデッガーの死の哲学にも分別があります。その点では共通しています。ハイデッガーはヨーロッパの伝統に挑戦し批判しながら、やはりその点ではヨーロッパ的なのです。生と死を分ける立場に立つかぎり、死すべき人間のこの悲しい不安な現実を超える方向、死を超えた立場も人間の現実と別なところになってこざるをえません。つまり、伝統的な生の哲学はこの死すべき生を永遠の生命の世界という死のない別世界へ超える。ハイデッガーの場合は、これと逆に生ということを全然いわずに、たんに死というものへ超えるということになっています。

これに比べて、大乗仏教の本領はこのような二分法、このような分別的思考そのものを突破するところにあるのです。道元の禅仏教に「生や全機の現、死や全機の現」という言葉があります。いったい生といえばみな生だ、まるごとが生だ、生以外に何もない。死といえば全部死だ、死以外には何もない。生と死と合計して全体ではなく、生もまるごとだし、死もまるごとだ。そういう生死というものがいつもあるというのです。

そうすると、その生死を超えていく仕方も、超えられた立場それ自身も、どこまでも生死のただなかに求める以外にはないことになります。これが生死即涅槃、生死がそのままで仏のいのちだということです。道元禅師だけでなく、親鸞聖人も生死即涅槃ということをおっしゃっています。たとえば「惑染の凡夫、信心発すれば、生死すなわち涅槃と証知せしむ」(「正信偈」)とあります。聖人の他力信心の立場というものもやはり、生死即涅槃という立場であって、生死即涅槃は決して禅宗の専売特許ではありません。信心の人には生死が生死のままで超えられている。どこまでも生死するままで、底なく生死のままで、生死がもう超えられる。それが他力の信の生です。しかし、生死が超えられたといっても、生死と別なところへ行くわけではありません。生死は依然として生死だけれども、それでいて生死にさまたげられることがない、そういう自由で無碍な立場が親鸞聖人にも出てくるわけです。

そういう点を具体的に示す一例として、曇鸞大師の『浄土論註』の中に、「無生の生」という言葉があります。浄土へ往生するのを生というのは、いったいどういうわけかという疑問を出しています。少しわかりにくいところもあるのですけれども、鈴木大拙さんもあの解釈はずいぶん苦労しておられるようです。そこで曇鸞大師は「無生の生」ということを言っています。往生浄土の生、浄土に生まれるというのは、われわれがこの世へ生まれた誕生のようなこの世の生ではない。なぜなら、そんな生ならそれはむしろ有の根源、迷いの根源だからです。われわれがこの世へオギャーと生まれたような仕方で、浄土へ生まれるのでしたら、せっかく生まれても、また死なくてはなりません。どんなに浄土だといっても、そこには依然として生死の悩みはあることになります。それでは本当に生死を超えたことにならないわけです。

それではなぜ、往生といって生という語を使うのかという疑問を曇鸞大師は自分で出して、これに答えております。つまり浄土の生とは、如来の清浄本願の無生の生だというのです。無生とは死と相対的な生ではないという意味です。無生の生というものは、これは永遠の生というギリシャ哲学やキリスト教が説いたような生、死と対立した生ではないのです。つまり生というものにまだどこか執着があるような生ではないのです。この身体は亡びても霊魂は決して亡びないと力んで、その不滅の霊魂に執着するのは、まだ本当の解脱とはいえない。生だ生だと力むのは本当の生ではないのでしょう。そういう意味からいえば、真の生は無生としかいいようがないのであります。われわれがこの世で考えるような生ではない、生に執着したような生ではないから無生というのです。

それでは死んだら何もないかというと、それは違う。ハイデッガーの場合には、死後には何もないわけです。死はすべての終わり、虚無であって、彼岸もなければ天国も何もない。しかしこれは、何もないということに執着している立場です。それに対して曇鸞大師は、無生を無生だけで終わらせない、無生の生というのです。つまり、生というものに力む立場に対しては、無生とこう言うのです。しかし無に執着する立場に対しては、むしろ生と言う。生か死かというヨーロッパふうの執着や分別というような痕跡がない立場が、仏教の根本の立場だと思います。

道元の『弁道話』の中に出てくる問答も、禅宗的な表現をしていますが、大乗仏教の立場をよく表わしています。つまり、こう言っております。ある人が、いったい仏法の悟りとはどういうことかと道元に聞く。この身体が無くなっても、心性は永遠に無くならない、心性の不滅、心性の恒常を悟ることが、すなわち仏法の悟りだろうか。死ぬことによって身体は亡びるけれども、この私の心は決して亡びないんだ、だからその亡びない心というものを大事にして、それを大切にすることが仏法の悟りでしょうか、と聞いているところがあるのです。浄土真宗の場合でいえば、身体が亡びたって心は極楽へいく、永遠不滅の私という実体があってそれが浄土へ生まれる、こういうように思っている場合もこれと似た立場だろうと思います。

ところが道元は、そういう考えこそまさしく迷いの源だと答えています。心性の常住を言うのは先尼外道《せんにげどう》の見なりと言っています。自分の心という実体、自己のアイデンティティにしがみつく、そんな考えがすべての迷いの根源だと言うのです。むろん、心にしがみつくのですから、物や金や身体にしがみつくわけではない。また、この世で長生きして楽しみたい、死にたくないと言っているのではないのです。しかし、道元はそれでもやはり迷いのもとだと言うのです。そういう心にしがみつくことは、迷いのもとを悟りと勘違いしている。仏法の悟りとは、およそ何ものかにしがみつこうとする執着の立場をはなれることを言うのだ、というのが道元の答えなのです。

身は亡びても心は亡びないか。そんなことはありはしないと道元は言います。亡びるというなら、あらゆるものが亡びるんだ、すべて無常だ。亡びないものなんかこの世に一つもありはしない、身体も亡びれば心も亡びる、一切空だ。しかしまた、亡びないという点からいえば、心だけが亡びないんじゃなくて、身体も亡びないんだと言うのです。そして、このまったく正反対なことが一つだ、一如である。そういうところに、道元は「身心脱落」「脱落身心」の立場を見ているのです。身への執着と同時に心への執着も捨てる。その両方をすっかり捨てたところからはじめて、同時に心と身との両方をすっかり取りもどすことができるのだと言うのでしょう。道元のこの言葉はじつに大乗仏教の根本精神というものを、非常にはっきりさせていると思います。

曇鸞大師の無生の生という考えもどこかこれと相通ずるようです。霊魂が身体から抜け出して、それが浄土へ往くというような、そういう考え方はむしろ迷いの生なんだ、そういうものは本当の往生浄土ではない。浄土へ往くときに、この心だけは亡びないなんて力む必要は少しもない。心だけは亡びないなんて言っているのは自分のはからいであって、自分の一切を仏にまかせきっていないと思います。そういう人は、自分の力で浄土へ往くと錯覚しているのでしょう。自分で自分の心の存続することを保証しなければならないような人は、まだ仏の本願にすべてをまかせていない。そういうことを全部まかせてしまうところに、弥陀を信じるという往生浄土の真実があるのでしょう。仏にまかせた心というものの自由無碍を言っているわけです。

禅宗と浄土教というと非常に違うようですが、親鸞聖人の浄土教というものは、大乗仏教から少しもそれていないのであって、むしろ大乗仏教の本当の精神を非常に純粋に出した思想だと思います。あまり自力と他力の区別にこだわって、あちらは自力門、われわれは他力門だというふうに区別の意識を強調することに熱心になりすぎますと、かえって他力門の本来の姿でなくなるのではないでしょうか。浄土門に執着してしまいますと、かえって親鸞聖人の自由な精神と違うようになってしまう危険もあります。他力他力といって、それに執着し硬直しないことが、今日では大切ではないでしょうか。そういう他力の意識のないところに真の他力の立場があると思います。

われわれがこの無限の宇宙の中に投げ出された生死の存在であり、われわれの存在に安心を与えるものは、われわれ自身の内にはないということは、どんな時代や社会にあっても変更できない明らかな事実です。そこに足をつけたら安心というものを人間は何ひとつ自分では用意できないわけです。人間存在をそういう底知れぬ不安から解放してくれるものは、人間の力を超えたところのものだけです。宗教とは、人間存在のそういう超越的な根底に対する根源的な目覚めにほかなりません。だから、宗教がなければ人間は永遠に救われない、つまり人間は自らの存在の意義を全うできない、ということになります。

今までとりあげた思想家たちはみな、それぞれの仕方で、そういう宗教の本質を明らかにした人々ですが、とりわけ大乗仏教の知恵の中には、それが最も純粋にあらわれていると思います。現代における宗教の可能性の道は、そういう知恵の言葉にわれわれが真剣に耳を傾けることを抜きにしてはありえません。現代には現代むきの新しい宗教が必要だという人々もいますが、私はそういう種類の意見には、はなはだ懐疑的です。というより、これから将来にも、人類が新しい宗教を作り出すというようなことはできないでしょう。人類の課題は、伝統的につたえられてきた宗教の真理をいかにして見失わないようにするかという点にあると思います。

なぜかと申しますと、M・シェーラー（一八七四―一九二八年）も言っていますように、人類は類としては、しだいに高齢化していくからです。われわれ現代人よりも二千年以前の人々は、人類としてはわれわれより二千年若いということになります。高齢化した人類は、精神の能力が分化していくので、個々のものにかかわる技術的な悟性の力を高める代わりに、宇宙という全体とのかかわりに対する宗教的感覚においては退化していくように思われます。たとえば釈尊が人間存在の根底を発見したとき、まだ若かった人類が示したような大きな精神的エネルギーをわれわれはもはや入手できないでしょう。そうしますと、これからの人類に負わされている課題は、伝統の中にふくまれている宗教的経験を保持し、活性化し、更新するということになってきます。

ゲーテがまさしく洞察したように、すでに見出された古い真理に向かって、われわれがもう一度心を開いていく努力が大切だということです。

生　命　仏教の立場から考える

宗教は生命をどう見たか

「命」とは何かという問題について、仏教の立場からどう考えるか、とくに親鸞聖人の思想を中心にお話をしたいと思います。「命」とは何かということは、仏教をふくめたあらゆる世界宗教に共通した宗教の根本の問題だと思います。世界宗教は結局、何を追求してきたかといえば、それは命の正体だと思うのです。いろいろな原始民族の宗教、そして日本の神道やユダヤ教といった民族宗教と違って、お釈迦さまやイエスという開祖をもっている世界宗教、あるいは歴史宗教と呼ばれる宗教のテーマは、人間が本当に生きるとはどういうことであり、どうしたら本当に生きることができるのか。その問題の追求以外の何物でもないわけです。

とくに仏教においては、大乗経典が成立して、浄土教という形をとって展開してくる思想の流れの中に、ストレートにこの命の問題が出てきます。たとえば親鸞聖人は、「正信偈」（『教行信証』行巻）の初めに「帰命無量寿如来　南無不可思議光」と言われています。仏さまとは何か。無量寿のことだ。仏さまとは、本当の命だ、命そのものだという思想がここにはっきり出ています。本当の命を生きるには、仏さまに帰依するということがなくてはならない。大きな命に自分をまかせるということがあれば、人間は本当に生きることができるのだと言うのです。往生浄土ということも結局は、われわれが本当の命をいただく道のことでありましょう。われわれがこの命を根源的に生き、命そのものの根源に帰っていく。浄土教の教えはこれ以外の何物でもないと思います。

キリスト教においても、たとえば『ヨハネ伝』を見ますと、違った言葉ですがやはり生命のことが書かれてあります。「我は命なり。我を信じるものは死すとも生きるであろう」。これはイエスの言葉です。我は命そのものだと言うのです。この命とは、イエス個人の命のことを言っているのではなく、小さなエゴを捨てて神にまかせて生きているイエスの命のことです。不死なる命をさすわけです。自分が命と思っている小さな身体的生命に執着するということをやめたら、死んでも死なないのである。その死んでも死なないゆえんのものを発見するところに、本当の宗教があると私は思います。もちろん、キリスト教と浄土教はまったく同じではありませんが、本当の命への道を説いているという点では共通しているのです。そういう点から、もう一度浄土教の問題を真実の命を発見しようとする人間の道として考えてみたいと思うのであります。

近頃しきりに聞かれる生命尊重という社会の声も、じつは宗教を求めている声だとも言えます。

求めているのですが、残念ながら本当の正しい道に沿っていません。というのは、この種の生命尊重は、依然として個体的生命への執着を出ていないからです。普通の現代人が考えている生命とは個人の生命を基準にした生命です。せいぜい百年間のこの命が唯一の命であると思っているのが、ごく普通の現代人の考え方です。しかし、もし命をそうした個人のものとするならば、宗教はむしろ生命を超えていく道だということになります。イエスや親鸞聖人の言葉を見ますと、本当の命とは仏なのだ。本当の命は神なんだということであって、個体の命は、そういう神や仏の命があってはじめて可能なのだということを知らされるのです。命とは、もともと無量であり、無限な命が命そのものなのであって、われわれが命と思っている有限の命は、残念ながら、本当の命というものを個人の小さな枠の内へ閉じこめたものにすぎないのだということがわかります。

そういう宗教本来の立場から申しますと、生命を超えるものなどはもともとありません。神とか仏とか言われるものは、生命以外の何物でもないということになります。これは、信仰をもっている人にとっては自明のことかもしれません。しかし、生きているということは、ご飯を食べたり、寝たり起きたり働いたりしていることであって、墓場へ行くと命は消えてしまうと思いこんでいる多くの人々には、それはあまりにも飛躍しすぎてわかりにくい。だから、生命を超えるものを発見することが宗教であると言った方が、現代人にはわかりやすいかもしれません。われわれが一番大事だと思っている個人の命よりももっと大事なものがある。「南無阿弥陀仏」とは、われわれの命よりも尊いものです。われわれの命を生かしているものが南無阿弥陀仏であります。

その南無阿弥陀仏によって生かされることが宗教であって、生きたい生きたいといって個人の命を引きのばすことが宗教ではないのです。このように言う方がわかりやすいかもしれません。けれども、本来から言うと、仏の方こそ命そのものなのであり、南無阿弥陀仏とは命そのものの名《な》告《の》りであるということになります。

生命の自己超越

いったい生命というものには、それ自身を超えていくという性質があると私は思います。私たちのこの個体の命が個体以上のものになっていくところに、命という現象の特徴があるわけです。これが生命現象が物質の現象と違う点です。物質の現象には、一つのものの内での変化はあっても、その外へ出ることはありません。しかし命というものは、個体の外へあふれ出ていくところにその特質があるのです。自己超越こそ、命という独特な現象の特徴です。物理的な運動とか化学反応などと違う生命現象の独自性はどこにあるのか。それは、個体を超えていく、輪郭の外へあふれ出ていくというところにあると思うのです。

われわれは、平生の言葉のなかでも、そういう命の特徴を漠然と言っていることがあります。たとえば、「チビた鉛筆でも粗末にしてはいけない」というようなことです。これは、鉛筆という物質の中に何か物質とは違うものを感得しているから、そういう言葉が出てくるのだと思います。一本の鉛筆の中におさまりきれないものが鉛筆の中にあるのだ、ということを知ってはじめて、ものの命を知ることができるのです。鉛筆にも命があるのだと言えるのです。鉛筆というものをたんなる物質として見ている限り、粗末にしてはいけないという言葉が出てくるわけがない。せいぜい、これは高価なものだから大事にしようとか、これは珍しいものだから大事にしよう、という具合にしか言えないでしょう。このように、日常生活においてもわれわれは、命というものの本質を無意識のうちで知っているのです。命というものは独特のものだということを、漠然とであっても知っている。つまり、命とは消えないものである。消えるものは命ではないのだということを知っているのです。

だから、この私の個体だけが命だと思っているあいだは、本当の命を知らないのだということになります。人間死んだら無に消えてしまうと思っている限り、本当の命を知らない。その限りは、生命も物質現象に類したものだと思っているのです。どんなに命は大切だと言っていても、やはり命を物質のように考えている。「ああ、もうものを言わなくなってしまった。もう死んでしまった」、臨終の人を見てたいていの現代人はこのように言います。しかし消えてしまったものを命と思っている限り、いくら命と言っても本当の命を知らないと私は思います。消えないもの、なくならないものにしてはじめて命の名にあたいするのではないでしょうか。どこまでも続いていくもの、自らを展開し豊かにしていくもの、そういうものが真に命と言えるわけです。「帰命無量寿如来」とはそういう命と個体との関係のことをおっしゃったのです。南無阿弥陀仏に帰入した人は、死なないのです。往生浄土を遂げ、成仏する。お浄土へ往った人が消えてしまうことはないのです。お浄土の命に生まれたらもはや消えることはない。直ちに生死の中に帰ってきて、そして、生死の衆生を度すために、還相のはたらきを絶えずやっていく。そこにダイナミックな命というものの実相があると親鸞聖人は言われたわけです。

トルストイは五十九歳のときに、『人生論』(一八八七年)という本を書いています。この本の中で、彼はキリスト教の立場からですが、生命の本質について考えています。トルストイによれば、生命という言葉が何を意味するかということは、万人が直接に知っている。命という観念は、命以外のすべてのものを説明する原点になるもので、生命ということが直接に知られていなければ何も知られない、ということを言っています。これは非常に大切な点で、トルストイの言っていることをよく考えてみる必要があると思います。

命とは何かと、いまさらはじめて気づいたように問いますけれど、じつはわれわれは命ということを直接に知っているはずなのです。命というものを直接知っているから、それ以外のすべてのことを説明することができるわけです。命を知らない人は一人もいない。しかし、それではこの命そのものを説明しろと言われたら、これは非常に難しくなる。なぜなら、それはあらゆるものを説明する根本だからです。私たちは、生きているときに命が何かをちゃんと知っているのです。ところが、命とは何ですかと改めて問われると、とたんに説明できなくなる。それは命がわれわれにあまりに身近にあるものだからです。われわれが、毎日毎日生きているところに命は直接に知られている。ちょうど自分の眼を見ることができないようなものです。われわれは、命というものを直接に知っているのに、改めて説明するとなると、たとえば、命とは有機体の内において、ある限られた時間のあいだ起こる諸現象の結合である、というようなわかったようなわからないような説明になってしまう。あるいは、生命とは細胞とその中にあるＤＮＡのはたらきのことだというもっともらしい説明になってくるのです。しかしわれわれが直接感じている命は、そういうものではないはずです。

　命の一番の根源的な感知は、死にたくないということです。死にたくないというところに、誰もが命というものを直接知っているのです。死にたくないという思いの中に命が一番身近に感じられている。死にたくないということは表面上は執着心のように見えますけれども、それは、どこまでも深めていくと、永遠に生きたいというもっと深く大きな願いに繋《つな》がっていくのです。永遠に生きたいということは、願生浄土《がんしょうじょうど》の心なのであります。

　浄土に生まれたい。この願生浄土の心というのは、じつは仏さまの願いであることを親鸞聖人は明らかにされました。「至誠心《しじょうしん》」「深心《じんしん》」「回向発願心」という三つの心がなければ、往生できないと、善導大師はおっしゃっておられます。この三心の本質をとり出す解釈を親鸞聖人は徹底的にされたわけです。たとえば、『尊号真像銘文』の中でも、「至心《ししん》」も「信楽《しんぎょう》」も「欲生心《よくしょうしん》」もみな如来さまから凡夫に回向された心である。凡夫自力の心にあらず、と述べられています。浄土に生まれたいと願う心はもともと私の中からは出てこないものであって、如来さまの方から出てくる。浄土に生まれよ、と私に向かっていう如来さまの仰せである、とおっしゃっています。

永遠に生きたいという私の願いは、もとはといえば、永遠に生きよという仏さまの願いなのです。われわれの中からは決して出てこない如来の願生心、それが私自身の内に発見される。それが願生心の正体であります。言い換えれば、如来さまの願生の心にわれわれが従っていくことがなかったらそれはどこにもないわけです。ちょっと考えると、われわれのもっていないような願生心を上から天下り的にくださるようで私には関係ないように思われるのですが、よく考えてみますと、そうではないのです。死にたくないというのは煩悩の心であるけれども、その煩悩の心の中に、永遠の命の浄土に生まれなさいという如来さまの願生心がとどけられてあったのです。だから、この死にたくないという凡夫の思いこそ、本当の命を発見していく唯一の入り口になるのです。死にたくないという心底からの思いのない人には、浄土真宗の教えはわかりにくいのではないでしょうか。

若き日の親鸞聖人もきっと死にたくなかったのです。むしろ、あのかたは一番死にたくなかった。生きても死んでも同じというようなことで念仏の教えに遇《あ》われたわけがありません。親鸞聖人ほど死にたくなかった人はいないのではないでしょうか。「死にたくない心は親鸞聖人だけでなくわれわれにもありますよ」と言うかもしれませんが、親鸞聖人の死にたくない心とは、百歳まで生きたらもう結構だというような心ではありません。まして、達者で楽しい人生なら生きてもいいが病気になった人生ならいやだといって撤回するような、そんないい加減な「死にたくない」ではないのです。徹底的に死にたくないのです。それは、永遠に生きたいという願いに通じるような「死にたくない」という思いだったのです。だから如来さまの往生浄土の教えに遇うことができたのです。

だからわれわれは、生命の本質をいわば自分の存在によって知っているわけです。私たちは死にたくないという思いの中で、命というものの正体に大変近いところにやって来ているのです。死にたくないというのはどういうことかと言うと、命は個体性をもっているということ、個人の命だということです。動物は私たちが思っているほど死を恐れないでしょう。たとえば、どんなにかしこい猫でも、死ぬのは嫌だな、平均寿命では後十年ぐらいだな、などと思ったことはきっとないでしょうね。猫の命は人間ほど強い個体性をもっていないからです。鋭い輪郭をもっていない。われわれ人間はどんなに個性が弱い人でも、ほかの人とは違うというはっきりとした輪郭を持っています。この輪郭というか、個性をもったところにはじめて命の特質があるのです。茶碗ならこわれたってほかの茶碗と取り替えることができます。そういう物質の世界には個性がないのです。けれども人間の命は、その人が死んでしまえばもう取り返しがつかないというところがあります。ひとりひとりのそういう個体性をもったところにはじめて生命というものができます。それがなかったら物質現象なのです。

ここまでは誰にもよくわかることで、現代人はたいていこの考え方にとどまっているのです。だからみな、死んだら大変だと思うのです。死なないように死なないように、この大事な自分の命を失ったら大変だということになる。個体の命こそ命のすべてだと思うから、それを失わない工夫をいろいろとする。定期検診をしたり、万歩計を使ったり、食事のバランスを考えたり、カロリーを減らしてみたり。こういう具合になるのです。

けれども、これだけではまだ命の半分しか知られていないと私は思います。生命が本当に自らを実現するためには、生命はいったんは個体性の輪郭をとらなければならない。生が個体的になるということは、生命がどうしても通過しなければならない大事な条件なのです。けれどももし、個体の中に入ってきた生命が個体の輪郭の中にとどまっているだけならば、それはまた真の生命ではなくなるのです。それだけですと、生命はまだヴェールをかむったままの状態であります。個体という形をとった命が、もう一度その個体性という輪郭を脱出して、生命自身の中に還るというところに、じつは生命というものの運動の目的があるのだと私は思います。個体性を脱ぎ捨てることこそ、われわれの生命の最も大事な根本条件にほかなりません。「帰命無量寿如来」とはそういう生命の個体脱出の運動のことなのです。われわれが自分のものと思って、自分の中に握り締めているこの命を、如来の大きな命の中に解放せよ、個体性を突破せよと生命そのものが教えているのです。信心ということは個体を突破する仕方です。仏さまを信じる人は、自分のエゴイズムというものの外に出るのです。それが、仏さまを信じたということです。自分のエゴイズムをもっている以上、仏さまを信じてはおりません。自分を信じているだけです。どれだけ宗教心とか、信心とか言っても、それは嘘で、じつは自分のエゴイズムというものの中にしかいない。自分のエゴの外へ出るということは、大きな命の中に自分を解き放つということです。そのときはじめて、命というものが本来の姿を現わしてくるのです。

ブッダの悟り

ところが、そのことは個体の方から考えますならば、もちろん大変恐しいことであります。個体の輪郭を離脱していくことは、われわれにとって大変な恐れです。個体性というものを失うことが、人間には一番怖いのです。

ヤスパースというドイツの哲学者がこういう意味のことを言っています。死の不安といえば、多くの人は死ぬときの身体の苦しみのことを考えるけれども、そういうものは死の不安の正体ではない。臨終の苦しみは無いこともあるし、医学がもっと進歩したら、そういう臨終のときの生物的な苦しみは、薬によって除却されるかもしれない。しかしそうなっても死に対する不安はやはり残るのである。それはどんな不安かというと、個体性を失うということ、そのことの不安だと言うのです。たとえば、みなさんは夜お休みになるとき、ちょっと気持が悪くなることはないでしょうか。私は若い頃、眠ることになんとなく不安な気持になる病的な経験をした時期がありました。眠るときに別に身体的に苦しいことはないけれど、心理学的なエゴの意識を失うことに、人間は恐れをもちうるのです。だから、自分の個体性を失って無になることに死の不安の本質があるのだと、ヤスパースが言うのは正しいのです。とくに近代人の死に対する恐れの本質は、死後の無に対する不安だと言ってよいでしょう。

その点お釈迦さまの頃とは、少し事情が違ってきているように思います。お釈迦さまの頃は、死そのものよりも、むしろ死後の転生ということに対する恐れが普通であったわけです。いわゆる生死輪廻や転生ということに対する不安です。人間は死んでも、またなにかに生まれ変わる。生前に悪いことをすれば地獄に堕ちて、悪い生存の運命を受けなければならない。そういう死後待っている世界に対する恐れ、死後の自分の運命に対する恐れが、当時のインドの一般人には普通だったのです。そこへお釈迦さまのような方がでてこられて、そういう人々の恐れを解放するような涅槃という思想を説かれた。つまり、本当の悟りを開いたら、本当の真理に出遇ったら、もはや生死流転というものはない、人は涅槃に入る。大いなる無、虚無ではなくて安らかな寂滅を悟る。有見と無見という死後の生存に対する二つの恐れから、お釈迦さまは人々を解放したのです。成道した釈尊が、私は解脱した、仏になったと言われたとき、釈尊が感得したのは、有るとか無いとかに対するさまざまな煩いから解放された大いなる自由の境地だったのです。涅槃とはそういうことなのであって、なにか死後の楽園を思い描いて、そこへ行ける私は幸せであるというような幻想ではなかったのです。だから、ブッダ釈尊が悟られたこの大いなる無は当時の人々にとってたしかに解放であったと思われます。

同じことをギリシアの哲学者エピクロスは、「死というものはなんでもない。何も恐くないのだ。というのは、私が生きているかぎり死というのは現存しないのだし、死が現存するときには、私たちは存在しないから」と言っています。つまり、死に対する恐れは妄想であって亡霊と戦っているみたいなものだと言うのです。人間はこの世だけで終わるのでなく、死後になんらかの運命が待っているということが一般的に信じられていた時代には、このような教えは一つの慰めであり解放であったと思われます。

ところが現代はどうでしょうか。死後に恐ろしい地獄などないと言われれば、私は安心して死ねます、ということになるでしょうか。現代人には、死後の地獄が怖いのではなく、何も無くなるということそのことが怖いのです。つまり、現代人には、無が一つの地獄になっているわけです。多くの現代人はこの世しかないと思っているでしょう。往生浄土を信じている以外の人はこの世しかないと思っているのですから、みな今のこのはかない自分の生存を守る生き方しかありません。これは要するにニヒリズムです。現代人の生はお先真っ暗であります。どれだけこの世が明るくても、むしろ明るければ明るいほど、その向こうは底しれない暗やみになります。

カントの人間理解

カントの実践哲学は人間存在は三つの次元から成っているものと考えています。身体性、人間性、人格性の三つの次元がすべての人間の内にあるというのです。人間にはまず身体性の次元だけではなくて心のはたらきがあります。心のはたらきとは、その人のものの考え方とか、あるいは普通に才能とか能力と言われるものです。これが人間性の次元です。人間性とは能力とか才能に関する次元で、この次元には訓練や修練、それからまた修養などもここに入ってきます。人間形成を行なうのはこの能力であって、人間はこれによって文化を造っていくわけです。これに対して身体性というのは、動物にも通じる生物もしくは自然の次元です。ところで、この身体性という次元はどういう性質のものかと言いますと、他のものの手段になるということです。人間の体というものは自己目的じゃなくて手段たりうる。たとえば、運動選手は身体の能力がすぐれています。プロ野球の選手はそういうすぐれた身体の能力をお金にしているのです。体を売っているという語弊がありますが、会社と一年間いくらという契約をする。これは身体の力を売っているわけでしょう。だから人間の体は価格をもっていて手段たりうるのです。これに対してひろく文化的なタレントというのは、人間性の次元です。テレビに出演したり講演したりしてお金をもらっているのです。タレントだけでなく、会社で働いたり学校で教師をしたりして月給をもらっているのも、やはり才能を価格に換算しているわけでしょう。だから才能というものもやはり目的ではなくて、手段なのです。だからこの二つの次元、身体性と人間性というものは手段であって自己目的ではありません。そういうふうに、何か他のものに仕える手段たりうるものが人間存在の中にあるのです。

しかし、カントの考え方によりますと、そういうわれわれの心身の才能、身体性の次元や人間性の次元は、最高のものではないのです。目的そのものではなく、手段なのです。精神の才能にもとづく人間の文化の営みは、学問や芸術もふくめて、相対的に善いものかもしれないが、無条件によいもの、絶対的な善ではないというのがカントの考えです。現代社会はどうもこの二つの次元しかわからなくなったようです。ここまでがさきに申しました個体性の次元にあたります。個人という輪郭の内にとどまって人間を考えている限り、この二つのものしか視野に入らないと思います。

ところがカントの道徳哲学は、人間性のもう一つ深いところに、人間性をも超えた次元があるということを発見したのです。それをカントは人格性と呼んでいます。人格性とは何かというと、本来の自己、本当の自己のことです。どんなにつまらないと思われている人間の内にも、いかなるすぐれた人間とも平等の人格という次元がある、各人の内に宝石のごときものがあるということを発見したのがカントです。各人の内のこの人格は決して他の何かの手段にはならないものです。

たとえば、会社の中で社長と社員では、身体性の次元や人間性の次元では上下があります。社長と社員は同じ立場ではないということです。そういう次元では、われわれはお互いに自分を手段にしているわけです。自分は他人の手段になりたくないと言ったのでは、社会の中で生きることはできません。しかし、どれだけ社長と社員が、この二つの次元では上下関係があるといっても、人格性という次元では平等なのです。各人の人格は神聖なのです。どんな人間の中にも、いかなるものの手段にもならないもの、価格に還元できないものがある。それが人格であり、人格は価格ではなくて尊厳をもっている、とカントは言います。

現代社会では尊厳という言葉がはやっているようです。生命の尊厳とか尊厳死とかよく言われますが、いったい、尊厳とはどういうことかを、われわれは根本的に反省してみる必要があるように思います。というのは、尊厳ということを日本人はよく知らないのではないかと思うのです。生命の尊重とか尊厳とか言いますけれども、どうもこの言葉はたんなる形容詞としてしか使われていないようです。さきに申しましたようにわれわれの心身の能力は価格をもっていて、他人の手段たりうるのです。しかし各人の内の人格性は、いかなるものの手段にもならずに、自己目的である。神聖にしておかすべからざるものである。そういうものをカントは尊厳と呼んだのです。カントが考えた道徳というものは、お互いの中に、そういう神聖にしておかすべからざる人格性を発見して、お互いにそれを尊敬し合うような人間関係をさしているのです。身体や個人でなく、そういうものを超えた人格性がはじめて、尊厳なのです。

お釈迦さまは、一切の衆生は仏性を持っていると言われました。各人の内に光り輝く仏の可能性がふくまれている。一切の衆生は、仏性のなかで光り輝いている。お釈迦さまはそうおっしゃった。これに対してカントは、人間だけのことを言っているようです。たとえば、犬に人格性があるとは言っていない。一輪の野菊の花に人格性があるとも言っていません。人間というものの内だけに神聖なものがある。ここにキリスト教圏の思想の限界があるように思います。それはともかくとして、カントは自分が病気のときに、お医者さんがこられたら必ずベッドに起き上がってお医者さんを迎えたという有名なエピソードがあります。これはその医者が名医だからそうしたのではありません。そうではなくて、その人が誰であろうが、人間というものはその内に、尊厳なる人格をもっている。医者個人の才能を超えた尊厳なる人格に対して敬意を表するために、カントはベッドの上に起き上がったのです。だからカントのいう道徳は決して社会生活の行儀作法ではなかったのです。カントの道徳は、各人の内に人間性を超えた世界を発見する生き方のことです。人間存在の内に個人性や人間性以上のものを発見しないと、道徳は出てこないと考えたのです。このカントの思想をもっと広げて、人間以外のものの内にも神聖なものを発見するところに仏教があるのだと思います。たとえば、高雄の明恵《みょうえ》上人は、道ばたに咲く野菊の花を見て、これは仏さまだと言って手を合わせたという有名な話があります。一輪の野菊の花が仏さまの光を放っている。一本の草の中に明恵は仏を発見した。森羅万象、あらゆる衆生の内に、尊い仏性を発見する。これが仏教です。

脳死問題を考える

私は今日、人格性というものは身体的生命の次元と次元が違うのだということを、もっとはっきりさせることが大切だと思います。最近、私の臓器は私の人格の一部だというような仏教者の発言をときどき見ますけれども、それは違うと思います。身体をその一部としてもっているような人格は、カントが言ったような真の人格、つまり身体性を超えた真実の自己ではなくて、身体性と同じ次元の一つのエゴにすぎません。仏教からいえば、私の臓器は決して私の所有物ではないと思います。そういう考え方は仏教が否定する自我中心の思想です。そうではなく私の身体のすべては如来からのいただきものではないでしょうか。私の顔についているからといって私の目は私の所有物ではありません。私が造ったものではないからです。私の臓器はことごとく如来さまからの賜りものだと言えるでしょう。宇宙からいただいたものが、しばらく私のところにとどまっているだけです。それをこれは私のものだから誰にもやらないといってレッテルを張り、所有権を主張したら仏教ではなくなります。

親鸞聖人は「それがし閉眼せば、賀茂川にいれて魚にあたふべし」と言われたと覚如の書いた『改邪鈔』にあります。私の死体は私のものだから最後までちゃんと葬れなどとはおっしゃっていません。賀茂川の魚は私のために死んでくれた。私がこの齢まで生きることができたのはいろんなものの命をいただいたおかげなのです。みな死にたくなかったであろう。魚は私の命の恩人です。その命をもらったおかげで私の命が営まれてきたのです。他の生きものの命によらなければ今日の私のこの命はない。これは私たち人間の罪深い宿業です。だから今度は魚を生かすためにこの私の死後の体をささげたい。これは仏教の同朋《どうぼう》思想だと思います。

脳死の人が臓器を提供したら、死にかけている患者の命が延びるということが現代の医学の水準として世界的にわかっているのですから、この医療に協力することは、すこしも仏の教えに反しないと私は思います。もちろんすべての仏教徒はそれをやるべきだというとおかしい。そういうことは、戦時中に国家目的に協力せよと言ったように、全体主義につながる危険がありますから強制はできません。臓器提供はあくまで個人の自発的な意志にもとづくべきものであって、提供したくない人は仕方がないのです。しかし提供したいと思っている人に、日本には社会的合意がないからするなとは言えないと思います。そういうことを言うのは本当の個人の自由というものをわかっていないからです。何でもみんな一緒に決めなければならないという全体主義から日本人はまだぬけきっていないようです。

私は真宗門徒は臓器を提供するべきだとは申しませんけれども、脳死や移植が親鸞聖人の教えに反するとは思いません。むしろ親鸞聖人の教えに聞けばそうなるのではないでしょうか。この点では、たとえば司馬遼太郎さんの考えは進んでいますね。『月刊Ａｓａｈｉ』（一九九〇年）の九月号に、「心と形」というテーマで東北大学医学部で司馬氏が行なった講演がのっています。司馬氏は、自分の家は浄土真宗だから、死ねばお浄土にいくと思っている。むろん私の身体がいくとは思っていない。しかし日本の仏教界はおくれていて、十三世紀の親鸞から一歩も進んでいないのではないか。身体に執着していて、いまだに臓器移植や脳死についての仏教徒らしい発言を聞いたことがない。これは驚くべきことだと司馬氏は語っています。

司馬氏の言うように脳死や臓器移植に反対する心情の根本にあるのは、『古事記』以来の日本人が持っているアニミズムや死者をホトケとする死体崇拝の心情だと私も思います。いったい、親鸞聖人の浄土真宗は、そういうアニミズムやシャーマニズムや死者崇拝を破って、本当の命の次元というものを発見したすばらしい思想なのです。命らしく見えて実は物質にすぎないものに対する執着をあれほど見事に破った仏教者はほかにいないのではないでしょうか。大乗仏教にまといついて来たいろいろな枝葉をばっさり切って、南無阿弥陀仏の六字の名号にまで釈尊の教えを単純化し、凝縮したのです。それまでの日本の土着の信仰と結びついてきた仏教というものから余計なものを切り捨てて、お釈迦さまの本当の精神を出してきた人が親鸞だと司馬さんも言っています。親鸞の浄土真宗、南無阿弥陀仏の教えは、大乗仏教の空の思想を見事に現実の形にした。ところが、親鸞聖人の後を受け継ぐ人々は、かえって保守的であって、まだ非真宗的なものと妥協しているように見える。脳死や臓器移植という人類の新しい生命の課題に、宗教の立場から仏教徒が発言しなければならないはずなのに、それについていまだに何の意見も言わないと言っています。昨年九月「日本インド学仏教学会」の中の委員会が声明を出したようですが、それは司馬氏の言うように驚くべき保守的な内容です。

心臓や肝臓がなくても往生浄土とは何の関係もありません。死んだ私の臓器をすべて提供しても、如来の願力によって私の往生はまちがいないのです。往生は死ぬときに決まるのではなく、如来の本願を信じたときに決まるからです。「弥陀の誓願不思議にたすけられまゐらせて、往生をばとぐるなりと信じて念仏まふさんとおもひたつこころのおこるとき、すなわち摂取不捨の利益にあづけしめたまふなり」(『歎異抄』第一条)。信の一念に往生が定まると親鸞聖人はおっしゃっています。臨終のあり方は往生に何の関係もないことです。

生命そのものと生命の条件でしかないものとを混同しないで、はっきり区別することが大事だと思います。生命そのものは決して身体の現象ではないのです。身体は生命の条件、生命が個体化するための条件にすぎません。身体的現象を生命そのものと完全に混同しないにしても、心臓が動いていたり呼吸していたり体が成長したりすることが生命そのものであり、それがなくなれば生命そのものもなくなるという考えが、現代では仏教徒もふくめて一般的になっているのではないでしょうか。しかし身体は生命の条件でしかないというのが仏教の立場だと私は思います。身体は生命そのものではないと思えるには宗教心がどうしても必要です。大切なのは身体ではないということは、往生浄土を本当に信じている人でなければ言えないことでしょう。仏を信じているつもりと本当に信じていることとは違うのです。名前だけ寺の住職とか門徒とかいっても、阿弥陀さまを本当に信じているか。これは絶えず問われなければならないことだと思います。この教団の中の一人であることが安心だという心情は、かならずしも信心ではありません。この娑婆の中にはたのみになるものなど何ひとつないのです。ただ南無阿弥陀仏一つがたのもしいのです。

その南無阿弥陀仏こそが私の本当の命であります。私たちが大事だ大事だと思い込んでいるこの私の命をして真に命たらしめているところのもの、それが南無阿弥陀仏なのです。私個人の命を基準にすれば南無阿弥陀仏は命を超えたものです。けれども、命そのものの立場に立っていえば、私個人の命は本当の命ではないのです。無量寿如来こそ真の命です。その無量寿如来が、今ここで、この私の命を命たらしめている。私が生きていることの正体は如来に生かされているということであります。この真理をはじめて明瞭に説かれたのが親鸞聖人であります。それまでの浄土教はこの点を聖人ほどはっきりと言わなかったのです。

親鸞の偉大な発見

源信和尚の『往生要集』を見ますと、「来迎往生」、「臨終往生」ということが強調されています。「臨終一念の夕べ」と親鸞聖人がおっしゃったその時点で生死を超える一大事が決まるという教えです。しかし親鸞聖人になると、臨終の時というのは成仏する時であって、往生に出発する時ではないという思想がはっきりと出ています。浄土に出発するのは信の一念で出発する。スタートは信の一念です。つまり生きているあいだ、現生です。現生においてなにも起こらなかったら浄土真宗ではありません。それなら浄土をただあこがれているだけのことです。浄土をあこがれるのは親鸞聖人の教えではないと思います。浄土をあこがれる来迎往生の思想にどこか不真面目な点があるということを見抜かれたのが親鸞聖人なのです。臨終来迎をたのむ人は本当に阿弥陀仏を信じていない人だと聖人は『末灯鈔』で言われています。本当に阿弥陀さまを信じていないということはとりもなおさず自分を信じていることです。阿弥陀さまを信じていなければ他のものを信じているのです。お金、地位、名誉、学問、才能、家族などを信じている人は、阿弥陀さまを信じていないと思います。浄土真宗の信は、世間のことも信じるが阿弥陀さまも信じるというような曖昧なことではありません。もちろん信心があるのかないのか、そんなことは凡夫が自分でわかるわけがありません。自分でこしらえたものでないものを自分でわかるわけがない。

凡夫がわかったら大変なことです。しかしいったん私の心の中に阿弥陀さまが来てくださったなら絶対撤回されることはありません。「信決定」といい、「廻心といふこと、ただひとたびあるべし」(『歎異抄』第十六条)とも言われています。自分の心を信じていた凡夫が不思議にも阿弥陀さまを信じるようになった。信心の起こったこの瞬間は、時間の中にあって、しかも永遠に触れた今です。「弥陀の誓願不思議にたすけられまゐらせて、往生をばとぐるなりと信じて念仏まふさんとおもひたつこころのおこるとき」と言われる。このときは時間の中にあってしかも時間に流れ去らないときです。

キェルケゴールというデンマークのキリスト者は、瞬間というものに二つ種類があると言っています。一つは時間の最小単位としての瞬間、これは「時間性のアトム」です。われわれは普通はこのような時間性のアトムしか知らないのです。これは、キェルケゴールにいわせると、われわれが時計ではかっているような時間とか物理学者が言っているところの瞬間です。しかしそういう時間の瞬間を、われわれは決して入手することはできません。とどまらないからです。ところがもう一つの瞬間というものがあるのです。それは神を信じたという瞬間です。人は信の瞬間に永遠というものに触れる。「永遠性のアトム」とキェルケゴールがいうのは、このような信仰の瞬間のことです。永遠が時間の中に入ってくる出来事を信と言います。信の経験とは、時間の中のものとの交渉ではなく、時間の中にありながら時間を超脱する経験です。凡夫が本願に出遇うというのは、この経験のことを言うのでありましょう。阿弥陀の本願に遇った瞬間は流れ去らない、空しく過ぎることはない。そういう永遠の瞬間に出遇うのが「現生正定聚」なのです。

親鸞聖人の『一念多念文意』には、「正定聚の位につき定まるを『往生を得』とはのたまへるなり」と記されています。即得往生《そくとくおうじょう》とは現生正定聚のことです。これは親鸞聖人のお書きになったところですから、即得往生まで死後にもって行ってはダメなのでありましょう。永遠との出遇いは現実のこの人生で起こる。これは親鸞聖人の偉大な発見であって決して私の意見ではありません。成仏は「臨終一念の夕」ですが、「即得往生」は信の一念の時です。しかし、人によってはいよいよ命の終わるときに、阿弥陀さまのお慈悲に出遇って信が起こることがあるかもしれません。これはこれでかまわないわけであって、その人の場合は、信の一念の時と、証大涅槃の時とがたまたま一致しただけのことです。だから、「即得往生」は往生の出発点、「難思議往生」は到達点だと言ったら良いのではないでしょうか。これまでの真宗学では、しばしば「往生即成仏」といわれていますが、これは到達点のことを指すのだといえます。往生してから修行して仏になるのではないから、往生即成仏です。しかしなぜそうなるのかというと、現生に信があるからです。だから大事なのは現生正定聚の方です。信がなければ死んでも仏になれません。親鸞聖人にとっては臨終はどうでもよかったのであって、大事なのは信の一念です。もしこの大事な点を曖昧にしておく真宗学があれば、その真宗学の方を変えなければいけないでしょう。真宗学の解釈は時として間違うこともあると思います。どれだけ長い伝統があっても同じことです。なぜなら仏教の真の歴史とは、みな改革の歴史であり、七高僧の伝統もつまり一種の改革の歴史だからです。

「信心の定まるとき往生また定まるなり」。『末灯鈔』の中の見事な言葉であります。来迎を待つ人はじつは阿弥陀さまを信ぜずに何の力もない自分の力を信じている。しかし死ぬときの私なんてありはしないのです。そんな自分を想像することは妄念にすぎません。今ここのこの私、すでに阿弥陀さまの摂取の中にいる罪悪深重のこの私しかいないのです。現生にたのもしい仏さまの願力の中に生かされて生きる。それは自分が罪悪深重の凡夫だからこそ、いま救われなければならないのです。明日とか未来とかいう人はまだどこか自分を信じているのでしょう。臨終にこだわるのは自力の行人であって、真実信心の行人は現生に正定聚の位に往するから臨終にこだわる必要がないのだということを、親鸞聖人ははっきりと教えてくださっています。「臨終まつことなし、来迎たのむことなし。信心の定まるとき往生また定まるなり」じつに明快な徹底した思想です。信決定の人の身体は娑婆世界にありますが、「信心のひとはその心すでに常に浄土に居す」と善導大師が言われたように、心は常に浄土にいるのです。いわば浄土の国籍に入ったということが信心です。親鸞聖人はこの善導大師の『般舟讃』をお読みになって深く同感されたのでしょう。人間が永遠というものに出遇うのは、この今を抜きにしてどこにもないのだ、ということをおっしゃったわけです。

　考えてみると人間はこの一生で、そういう真実に出遇わなければ、人生とはつまりは空しい時間性のアトムの連続でしかないでしょう。そういう人生を『無量寿経』は、「空過」と言ったのです。欲望追求の人生はどれだけ長くても、つまりは0×無限大＝0である。これは有名なパスカルの計算です。パスカルは神を信じるか、この世の幸福を信じるかは人間存在そのものの賭だというのです。欲望の人生というゼロのものに無限大という年数を掛けても合計ゼロのままである。しかし信仰とは神という無限大のものに人生の年数を掛けることです。かりに二十年しか生きなかった生だとしても、信仰の人の人生は無限大になるとパスカルは言うのです。そういう意味で信心の生は、『無量寿経』でいう「勝過」の一生です。「本願力にあひぬれば　むなしくすぐるひとぞなき　功徳の宝海みちみちて　煩悩の濁水へだてなし」（「高僧和讃」）と言われるとおりであります。阿弥陀さまの願力につかまったら、どんないい加減な人間でもいい加減でなくなるのです。罪悪深重の凡夫の私でも仏と同じであるとおっしゃっています。如来と等しい、弥勒と同じだとおっしゃっています。

私たちはこの一生において、命の正体を究明し命そのものになるために、この短い命をいただいているのだと思います。私たちは、胎児の状態から脱出して個体になるという命の展開をすでに経験してきました。何かの中に命が閉じこめられているような状態を破って独立した個体にまで解放されて、今ここに生きています。今度はこの個体の命をさらに破って、大いなる如来の命、命そのものへ成育する道のことを親鸞聖人は「往生浄土」とおっしゃったのでしょう。私たちは個体を超えなければならない。如来を信じる人はみな、個体を破って命そのものに成ることができるのだ、それが如来の本願であると教えてくださったのです。

II

教　親鸞が発見した真理

仏教は人類普遍の道

親鸞聖人は真実の経典、つまり浄土真宗の根本のテキストは『無量寿経』であると言われています。その『無量寿経』の一番はじまりのところをお話ししたいと思います。そこに親鸞聖人の仏教理解の核心があるように思われるからです。親鸞聖人の思想、信仰と申しましても、結局はお釈迦さまがお説きになったテキストである大乗経典に立脚しているのです。何もないところから自分の考えをいきなり述べたというようなことではありません。

ご承知のとおり、仏教というのは日本に生まれた思想ではありません。つまり、日本人という特殊な一民族の心に宿った思想というふうに特殊なものとして限定できないものです。仏教は、インドに生まれ中国、韓国などの国々を通って日本へ来ました。そこにすでに、普遍性をもった思想として一民族の特殊性という狭い枠を超えている、突破しているという性格があります。ここがとても大事なのです。日本人だけにしかわからない〝日本教〟というような宗教は、やはり本当の宗教ではないのですね。

この頃、日本人や日本文化の特徴とか個性ということがしきりに強調されますが、日本人だけの宗教などというものは、日本人をも救えないと思います。日本人であろうが、インド人であろうが、アメリカ人であろうが、人間であります。人間存在そのものの普遍的な問題にこたえる宗教でなければ、科学技術時代の人間を救うことはできません。これは自明のことのようですが、ついその点がおろそかになりがちです。仏教はインド大陸で起こって以来、すでにいくつもの国家を通り民族を超えてきている。このことの意味をわれわれはもう一度考えなおしてみる必要があるように思います。インドでは仏教は十三世紀頃に亡びました。せっかくお釈迦さまが発見したすばらしい思想——人間存在のこの広大で深い自覚の道というものを、インド人はどういうわけか十分に継承できなかったのです。そのあたりの歴史的な事情は、回教徒による侵略その他いろいろあると思います。しかし、それでも仏教そのものは死ななかった。思想としては死ななかったのです。インド人という一民族の歴史的・社会的な条件だけに癒着して、その歴史的な変転の中で消滅してしまうというようなことはありませんでした。いわば不死鳥のように甦って中国大陸へと移ったのです。そしてそこで中国仏教として結実しました。私どもがいま手にしますテキストはほとんどが漢訳です。この『無量寿経』にしても、三世紀に中国において訳されたものです。訳業ということは大変なことでありまして、その思想を漢民族自身の生き方にしたということです。

翻訳ということでは、今日の仏教は英訳が主流です。ことに『教行信証』をはじめいろいろの英訳は鈴木大拙博士以来、現在もつづけられております。最近は外国人も浄土真宗の研究を盛んにしております。今度は日本からアメリカやヨーロッパへ渡ったりしているわけで、外国の人はその翻訳によって真宗の精神をつかみ、理解しようとするわけです。このように、仏教は人類全体に通じる普遍的な道であり、世界の仏教なのです。日本人にだけしかわからない特殊な思想というようなものでは決してありません。

真理とは何か

親鸞聖人は、この『無量寿経』こそが、お釈迦さまがお説きになった教えの核心だ、とはっきり述べられています。『教行信証』の本文の初めに、「それ真実の教を顕さば、すなわち『大無量寿経』これなり」と明記されています。また一般の真宗信者の家庭では、毎日欠かさずに読まれ、親しまれている「正信偈」という偈文（詩文）があります。これは『教行信証』の「行巻」の末尾にあるものですが、その中にも「如来、世に興出《こうしゅつ》したまうゆえは、ただ弥陀の本願海を説かんとなり」と書かれてあります。

「如来」というのはお釈迦さまのことです。釈迦如来がこの世に人間として生まれ出て、そしていろいろ説法をされた。しかしその目的はいったい何であったのか。それは、ただ弥陀の本願を説くためであったというのです。つまり『無量寿経』こそ、釈尊のさまざまの説法の帰するところであったという考え方です。もちろん大乗経典は『無量寿経』のほかにも、『般若経』『法華経』『華厳経』『涅槃経』などたくさんあります。それらはみな「仏説」、つまり真実を説いたものばかりです。そうだとするとなぜとくに『無量寿経』だけが真実の教えなのか。聖人をして『無量寿経』こそ真実の教えだと言わしめるゆえんのものはいったい何か。そういう根本的な疑問がここに出てくると思います。

　これは、いったい真実もしくは真理とは何か、という問題です。もっと正確に申しますと、真実というものの性質や種類や現われ方を問うのではなく、真実をして真実たらしめるところのものは何か、という問題です。つまり、真実の本質の問題です。『無量寿経』が真実の教えだと言ったとき、親鸞聖人は、じつはこの問題に直面していたのだと思われます。

　これと似たことは哲学の世界では、「真理の本質について」という論文を書いたハイデッガーの問い方に見られるように思います。哲学という学問はもともと真理を探究する学問であります。ギリシャの哲学者たち以来、今日まで、歴史上の哲学者たちはみな、それぞれの仕方で真理を求め、それを言葉に言い表わそうとしてきたわけです。真理とは何か、という問いを立て、これに答えを見つけようとしたわけです。ところが、ハイデッガーは、たんに真理とは何かではなく、真理の本質とは何か、という問いを出しています。これは従来の哲学者たちが立てた問いよりも、もう一段下からと言いますか、もう一つ根源的に問うているのです。たしかに哲学者たちはあれこれ真理について語ってきた。しかし、そういうふうにさまざまに語られてきたところの真理とは、その本質においてはいったい何か。何がいったい、真理をして真理たらしめるのか。真理はどこからはじめて真理になるのか。これがハイデッガーが出した新しい問いです。そうしてハイデッガーは、従来の哲学者たちとはまったく異なった真理の新しい概念、すなわち、存在の真理という概念を提出しています。

真実の本質は利他

親鸞聖人もやはり、大乗仏教における「真実」という概念をたんに伝統的に継承するだけでなく、これを一層鋭く純粋化しようとしたと思います。それは一口に言うと、真実の本質を利他というところに発見したことだと思います。もちろん、自利・利他ということは、浄土教だけでなく、もともと大乗仏教のすべてに通じる根本の立場ではあります。善導の『観経疏』にも、「真実に二種あり。一つには自利真実、二つには利他真実なり」という言葉があります。しかしこの二つはただ平行しているということではなくて、自利があってはじめて、利他が可能であり、逆に利他という立場に出てはじめて、自利が完成するという意味です。そうしてこの利他真実こそ、真実という立場の完成だという思想が、浄土教の立場を生み出したのだと思います。たんに自利真実にとどまるかぎり、真実はまだ抽象的であって、具体的な真実は、利他真実となってはじめて成就する。利他という立場に立ったときはじめて、真実は真実それ自身に還るということです。

そういう浄土教の根本思想を最も鋭く徹底していったのが、「それ真実の教を顕さば、すなわち『大無量寿経』これなり」という言葉だと思います。

たとえば『浄土和讃』の第二首目に出てくる「真実明」という語につけられた左訓は、親鸞聖人が真実というものの本質、もしくは核心をそういうところに感得していたことを示しています。聖人はこう記しています。「しんといふはいつはりへつらはぬをしんといふ、しちといふはかならすものゝみとなるをいふなり」。つまり親鸞聖人は、「ものゝみとなる」ところに、真実（仏）というものの核心があるというのです。「いつはりへつらう」ことのない仏心は、ただ自利というところに安住することはできない。如来の真実は自分の外にあふれ出て、いつわりへつらうことしかできない一切群生海の不実の内へ入って、その不実になり切ろうとするというのです。衆生の不実を外から見ているのではなく、自分を捨てて、その不実と一つになろうとする。如来の真実は、真実なるがゆえによく不実の立場に身をおく。それは衆生の不実の中にさえ、自らと同じ真実を見出そうとする心であります。それが親鸞聖人が発見した利他真実ということです。

そうしますとそういう真実は、われわれ人間の自己中心の心の中には見出せない。自分がということがないような心でなければ真実ではないからです。いくら誠実とか真面目とか良心的だとか言っても、それを言えば言うだけ真実ではなくなってくる。なぜかといえば、自我中心性というものがますます強くなっていくからです。親鸞聖人からしますと、道徳的真実というものだけでなく、自力聖道門の求道もまた真実ではないというのはそういうことなのです。それはやはり

「自利真実」を出ないのです。

「私はまちがっていません」「私は良心に誓って潔白であります」「私はまっしぐらに仏道を歩いています」――こういうのは、もうそれだけで真実ではない。自分を握りしめようとするから真実ではないのです。それは五欲をはじめとする煩悩にしがみついてはいませんが、自己というものを真実として、これにしがみついているからです。何であれおよそ執着ということがあるかぎり、それは仏道における真実ではない。なぜなら、そのとき自分は自分を肯定しているからです。「私の道は真実です」というのは、自分で自分を肯定しているわけでしょう。自己肯定は仏道とは正反対の立場、つまり「我」の立場であります。どんなに神聖でありましても、およそ「我」というものは仏道における真実ではありません。仏道の真実はそういう「我」というものが無いところにある。ということは、私というもの、自分というものを真実に向かって実現していくことではなく、むしろ自分を捨てるというところに真実があるということです。自分を捨てるとは、たんに自分が消失することではありません。相手の立場の内に自分自身を見出すということです。仏道の無我は、利他真実という形で、最も具体的な形をとることになります。

ところが、そういう意味での真実は、悲しいことでありますが、私たち人間の世界にはないと言わざるをえません。自分というものを完全に捨ててしまうことが、真実というものの姿であるならば、それは人間には不可能なことです。しかしそういう真実というものが、われわれ人間にはないとしても、どこかになくてはならないと私は思います。利他真実はそれ自身の内に、それがたんに人間の空想や理想でなく実在であるということを証明している、と私は思うのです。だから、阿弥陀という仏がまず実在していて、それが利他真実という慈悲の心をもつというのではない。そうではなくて、利他真実という真実が阿弥陀という名で呼ばれるわけです。もしその底知れない真実が無いとしたら、私たちは今、ここにこの不実な生を生きることもできないでしょう。真理は私たちが証明するのではありません。真理の方が私たちを証明してくれるのです。

そういう次第で、利他真実という真実、これは阿弥陀の心以外にはない。自分を捨てて十方の衆生を救おうという真実は阿弥陀の心のことだ、というのが浄土真宗です。しかしひるがえって考えると利他というのは同時に自利でもあります。

阿弥陀が十方の衆生を救うことは、そのまま阿弥陀が自分自身を救うことです。「わたしは仏《ほとけ》にならなくとも十方の衆生さえ救えばよい」。これは仏ではありません。阿弥陀がなぜ十方の衆生を救うかといえば、そのときはじめて自分が救われるからです。自分だけ仏になったとしても、それは本当の仏ではないのです。一切の衆生が仏になれるというそのめどがついたときに自分も仏になるのです。自他共にという堂々たる道です。自分だけが犠牲になるといったどこか薄汚れた道では決してない。それは何か情けない道です。自分は物も食べずに息子においしい物を食べさせて我慢する。そういう世界は一種の我であって阿弥陀さまではない。そういう世界はどこか貧しい世界です。そうではなく、自利が利他であり、利他が自利だというところに本当の真実があるのです。そういう大乗仏教の真実というものが『無量寿経』の中にはじめて説かれたのだ、というのが親鸞聖人の発見です。

親鸞とキェルケゴール

利他真実という阿弥陀の本願を親鸞は「親鸞一人《いちにん》」という立場で受けとっています。『歎異抄』の中に出てくる「弥陀の五劫思惟の願をよくよく案ずれば、ひとへに親鸞一人がためなりけり」という有名な言葉がそれです。五劫思惟の願というのは阿弥陀の本願のことです。五劫という長い長いあいだ考えに考えぬいて立てたところの願である。それをよくよく思いめぐらしてみると、それはこの親鸞一人だけを救うためのものだったと。

これは常識や普通の合理的な考え方ではわかりにくい立場を示しています。非常にラディカルな言葉です。十方世界の衆生を救おうという阿弥陀の本願は、たんに人間だけ、しかも特別な人間だけを対象にしていない。生きとし生けるもの、すなわち一切の衆生に向かっている広大な願でしょう。ところがさきの言葉はそれを親鸞がひとり占めしたような表現になっています。阿弥陀仏が気の遠くなるような長いあいだ徹底的に考えぬき、これで大丈夫、間違いがないという願を立てたのは、ほかでもないこの私ひとりのためだ、と親鸞は言うのです。これはいったいどういうことでしょうか。

本願は十方の衆生を救う願だなどと言っているあいだは、じつはまだ自分の問題になっていないのです。罪悪生死の凡夫などと言ってみても、みな他人事のように考えているのです。十方衆生はみんな如来に救われるなどと言っているあいだは、救いはまだ本当に真剣な実存の問題となっていない。この私が救われるか救われないかという問題になったときにはじめて、問題が宗教の問題になるのです。本願の対象であるところの十方衆生というものの中から、この私というものが抜け落ちてしまいますと、いくら弥陀の本願と言ったところで、それはたんなる概念にすぎません。頭の中の抽象的な観念です。私を救うところの生きてはたらく現実になっていないのです。言葉では「みんな救われます」と言っておりながら、そのみんなの中にじつは自分は入っていない。入っているようで入っていない。団体旅行のようなものは救いの問題にはなりません。阿弥陀の浄土へは団体で行くのではなく、十方衆生はみな誰とも代わることのできないひとりひとりとして行くのです。だから弥陀の本願は、まさしく親鸞という固有名詞をもった人間に呼びかけているのです。無名の一般的な対象に、拡声機やマイクで呼びかけるようなのは阿弥陀の本願ではありません。十方衆生のための願はこの私ひとりのためであったと受けとられたとき、はじめて十方衆生のための願になる。特殊の道が普遍の道だということです。そのことをさきほどの『歎異抄』の言葉は言っているのだと思います。

要するにこの「親鸞一人」の立場を抜きにしたら本願の真実というものはない。「親鸞一人」といわれているこの親鸞とは、救われがたい者だ、ということです。自分自身の現実をよく見てこの自分は本当に仏になれるような者かどうか。自分の中に起こってくるいろんな心の動きを見たら、およそ仏の方向には向かっていない。地獄に向かっているだけだ。そういう私という者が救われていく、その喜びを言ったのです。親鸞一人に向かってひたすらに集中してくるその阿弥陀の本願こそ真実だ、と親鸞聖人は言っている。救われがたい私を抜きにしたらおよそ真実はないということを言ったのです。これが親鸞の真実の受けとり方です。

ヨーロッパで、この「親鸞一人」という考え方に近い立場に立った人は、十九世紀のデンマークの宗教思想家のキェルケゴールです。彼はそういう立場を「主体性が真理である」という有名なテーゼによって言い表わしました。真理というと普通は、普遍妥当性とか客観性がないといけないと考えられます。ところがキェルケゴールは、そういう客観的な真理がもし私に生きる力を与えないものであれば、それはまだ本当の真理の名にあたいしないと言うのです。大事なものは、この私にとって真理であるような真理である。私にとっての真理といっても、自分に都合のよい真理ということではなく、その真理のために、私が生きまた死ぬことができるような真理という意味です。彼はそういう真理のことを主体的真理とか実存的真理とか呼んで、ヘーゲル哲学が説く客体性の真理というものと対決したのです。ヘーゲル哲学もキリスト教の真理を根拠づけようとした哲学ですが、真理を客観的に見ているヘーゲルでは、キリスト教の精髄である神と罪深い人間とのパラドックスの関係を理解することはできないというのが、キェルケゴールの考え方です。これは、親鸞聖人が従来の自力聖道門の人々の仏教理解というものと対決したときの態度と、どこか似たところがあるように思います。

キェルケゴールは人間の深い内面性の世界を鋭く描いた人ですが、それ以前にはカントの道徳哲学が、やはり主体性と内面性の問題をわれわれに教えています。そこですこしカントのことを話したいと思います。

カント哲学の核心

カントは、世間の習慣に従うとか、国家の法律に従うとかいうのはまだ道徳ではない、と言っています。カントのいう道徳とは人間が自分自身の内部に神をもつということです。国王の命令だから法に従うとか、国家の命令だから掟に従うというのは道徳の立場たりえない。それどころか、神の命令だからそれに従うということであってもまだ道徳ではないのです。彼はそれは他律だと言っています。自分以外のものの権威というものに依存しているからです。自分を律するものが自分自身の外にある。社会にあったり、国王にあったり、あるいはキリスト教的な神にあったりです。カントによれば、道徳とは自分の内部以外のいかなるものにも絶対的なものを認めない立場、自分自身の内面から呼んでいるところの声に従う立場です。高次の自分が現実の自分に命令するのです。感性的欲望に流されがちの自分に絶対的に命令してくる実践理性の声を自分の中に発見することです。これがカントのいう「良心」の根本です。

　日本人は、良心とか良心的という言葉をよく用いますが、どこか、まだ世間みたいなものに従うことが良心のように思っています。世間と喧嘩しないことが良心のように受け取っている。けれど、カントにいわせれば世間という神に従ったらそれは良心ではない。自分の中にある真の自己という神に自分が従うことが道徳だというのです。

　実践理性の自律を説くカントの説は、近代道徳思想上の一種のコペルニクス的転回と言いうるものであり、これはカントの不朽の功績です。われわれの内部に一つの宇宙を発見する。そしてそこにいかなる人間も従うべき理性の法則を見たのです。それは外からは決してタッチできない法則です。

　政治や法律は、どこまでも世界の中での水平的関係です。つまり、人間同士の関係であります。けれども、道徳は自分と自分の内にある神聖なるもの、一種の神との関係なのです。カントは道徳性と合法性を区別したのです。道徳性と合法性の差異は何かというと、法律は行為の動機を罰しないということにあります。たとえば人を殺そうと心で思っていても、実際に殺さなかったら、これは合法的です。どんなに殺したいと思っていても、実行しなかったら法を犯したことにはなりません。逆にどんなに殺すまいと思っていても殺してしまったら、これは犯罪です。このようにあくまでも行為の結果だけを問題にするのが法律の合法性の世界です。そしてまた国家社会というものは、一面そういうことで成り立っているものでもあるわけです。

　けれども、人間存在というものはたんに国家や社会の成員であるばかりでなく、他人と代われない「自己」という側面をもっています。そうすると、たとえば人を殺そうと思った。心の中で思うということが、すでにそれだけで悪いことなのです。わからなければいいじゃないか。そんなことはない。他人が知らなくとも自分の内の本当の自分はそれを知っている。警察は知らないけれども自分の内の良心は知っている。これがカントのいう絶対にごまかすことができない良心の声、防ぎようもなく自分の内から直接に自分を呼ぶ、道徳法則の命令ということです。普通の人なら誰もがもつ良心の苛責とは、じつはそういう道徳法則の現象だと言うのです。実際殺人を犯した人が、自分の良心の苛責に悩み、苦しんで自首するというのは、これは彼が健全な証拠なのです。この、自分だけは知っているという世界こそ、じつにカントが明らかにした道徳の世界です。

そういう道徳法則の世界がカント哲学の核心です。ヘーゲルがカントの哲学を主観主義として批判したのはそのためです。カントは人間の良心の方を大事にする。もちろん政治や国家はどうでもよいとは言わなかったのですが、まず何よりも両者を徹底的に区別したわけです。言い換えたら、カントの思想は客体性の次元と主体性の次元の区別にあります。一方は国家とか法律とかの客体性の次元。それに対して、もうひとつは自分の内面、主体という次元です。カントの不朽の功績は、われわれにこの内的宇宙の厳然たる存在を呈示したところにあると私は思います。それまでわからなかった新しい宇宙がわれわれの心の中にもあるということを発見した。宇宙というのは外の自然だけではなくて、われわれの心の中にもまた宇宙があるのだということです。

そのことをカントは一つの象徴的な言葉で言い表わしています。これは、『純粋理性批判』の中の言葉でカントの墓に刻んである銘文です。「私がそのことを思えば思うだけ、私の心を一つの尊敬の念をもってみたすところのものが二つある。それは、わが上なる星の輝く大空とわが内なる道徳法則である」。すなわち、わが頭上に広がっている星空とは、自然法則のシンボルであります。ニュートンが発見した万有引力など、宇宙のあらゆる天体の中には一つの法則があり、諸天体はその法則に従って一糸も乱れず運行している。星がその軌道を逸れることはない。整然とした序列の中にある。何者がつくったのか知らないけれども、自然界を一つの法則が貫いているということを星空によって象徴したんですね。この自然法則をカントは尊敬の念をもって仰いだわけです。もう一つは「わが内なる道徳法則」だとカントは語っています。つまり、道徳法則と自然法則という二つの法則によってわれわれの宇宙というものはできていると言ったのです。

この道徳法則というものはわれわれの心の内面の宇宙の秩序です。われわれは心をどこかデタラメなものと考えているのではないでしょうか。それは、心は目に見えないからです。学校の教室で机がデタラメに並んでいるか整然と並んでいるか、これはよくわかります。町を歩いている人が列をなしているかどうかはわかる。目に見える物質の世界の法則ということは何となくわかるのですが、心の中など見えないから、私どもはなにかノッペラ坊のように思っているのではないでしょうか。心というものは色も形もない。つかみどころがありません。心が乱れていても、心が傷つき血を流していても見えません。これが腕から血が流れたりしますと見えます。身体の傷というのはすぐにわかるんです。ところが、心というものの中にも法則や秩序があるとはなかなか思えない。

けれども、カントはそうじゃないと言うのです。外の世界だけが法則を持つのではなく、心には心の法則がある。内的宇宙の法則はすべての人間に対して、それに従うべきことを命じていて、その法則に従わないと人間は人間ではなくなるのだということを言ったのです。道徳法則に従わなかったら人間存在というのは崩壊していく。そのとおりだと思います。

内的宇宙の発見

カントが道徳法則という名で言った人間存在の内面の世界構造、心の世界の法則、そういうものを東西の偉大な哲学や宗教は伝統的に説いてきたわけです。ギリシャ哲学やキリスト教で「霊魂」と言われたり、仏教が「心」と言ったりするもの、これはやっぱり一つの宇宙のことなのです。自然科学の影響を受けてしまった現代のわれわれは、世俗化してまいりまして、何となく宇宙といえば物質の宇宙だけだと思いがちです。魂や心の方は構造も法則も何もないと思っている。だから、心というものをどうしてもまじめに考えない。宗教や思想をもっている人はともかく、多くの人は魂のことなど本気に考えたことはないのではないでしょうか。物質や身体のことばかり考えている。

キリスト教の中世の神秘主義者たちの書物を読みますと、大変な洞察力で、霊的世界のリアリティをありありと見ています。たとえば十二世紀のドイツの女流神秘家のヒルデガルトなどもそうです。ある教会でミサをやっているときに多くの信者が次々にやってきたが、それには魂の次元から見ると、五種類の人間があったと言っています。ある人間の肉体は明澄だったが、その霊魂は火のように燃えていた。その次に来た人間の肉体は蒼白で、霊は暗かった。さらに別の人間の霊魂は病んでいたり、腐って悪臭ぷんぷんたる屍のような霊もあった。これらは身体だけではなく、魂には魂の厳然たる姿があることを言ったものですが、そのとおりではないかと思います。

仏教の教えというものも、やはりそうした内的宇宙の深い根底の発見だったと言えます。決して空想でもなんでもない。お釈迦さまの悟りの心が洞察したわれわれの魂の遍歴、つまり生死流転からの解脱が説かれているのです。この私というものの正体はつまりは魂です。私の身体はこの世かぎりで消えますが、魂は消えることがない。魂というとふわふわとした「人魂」のようなものかと思うかもしれませんが、そういう物質的なものではありません。ここでいう魂は、いかなる物質でもないものです。何とも名づけようのないもの、それをかりに「魂」というのです。むろん、仏教では「魂」という言い方はしません。その代わり、たとえば善導大師はそれを「自身」、「自身は現にこれ罪悪生死の凡夫」と言っています。「身」というと、体のように聞こえますけども肉体という意味ではありません。自分そのものということです。道元禅師は「自己」と呼んでいます。「仏道をならふといふは、自己をならふなり」です。要するに、われわれが平生自分と呼んでいるそのものの当体を指すわけです。

私たちはたいていは、自分を一番よく知っているのは自分だと思っているでしょう。けれども、自分は自分というものを本当に言い当てているとは思われません。鏡に自分の姿を映すように、意識という鏡に自分を映してみて、その映った影像を実物の自分と思っているわけです。本当の自分というものはなかなかわからないのです。いつも意識の鏡に映った自分の影像を見ている。これでは、いくら道徳的に知的に自分を内省したところで、本当の自分の正体、つまり自分そのものがわかるはずがありません。それにもかかわらず仏道とは、真の自分に出遇うことなのです。何よりもまずお釈迦さまの道がそうでありました。成道や解脱とはお釈迦さまがお釈迦さまの真の自己に出遇ったことなんですね。人類史上、釈尊ひとりがそれを成しとげられた。しかし私たちも念仏の教えによってやはりそういうものに出遇うわけです。仏教はこれ以外のなにものでもありません。念仏宗であろうが自力聖道門であろうが変わりはない。人生とはこれに出遇うためにある。本当の自己の発見です。何かをありがたがって一生懸命祀《まつ》りあげることが仏教ではない。何かを願って仏さまを一心不乱に拝む。そんなことを仏教とは申しません。それは魔法です。

これはとくに禅仏教がはっきり言っております。唐の禅僧の臨済(九世紀)はどんなに神聖なものでも、自分の向こうに客体として出てきたらそれは魔法だ。たとえそれが仏さまに見えてもそうだと言っています。一種の偶像崇拝になってしまうからです。ですから、奈良や京都の美しい仏像を拝んでうっとりするのもよろしいけれど、この陶酔は本当の宗教ではありません。ひとつの美的心境にすぎません。だいたい「いい気持になる」という類のものは、仏教と無縁なことが多いようですね。ふだんあまり善いことをしていないから、ちょっと奈良のお寺へでも出かけてありがたい仏さまを拝んでくる。そして「ああ、いい気持になった。今日は一日本当にいい気持だった」。そうしたことも悪いとは申せませんが、これは仏教ではないと思います。

英文学者で歌人の会津八一に「ちかづきてあふぎみれどもみほとけのみそなはすともあらぬさびしさ」という歌が『南京新唱』という歌集にあります。仏さまの傍へ行って尊顔を仰ぐのだけれども、仏さまはどこか遠い所を見ていらっしゃる。私など眼中にはないようだ。決して「ああ、お前もきたのか」とはおっしゃってくださらない。私の心をまるでご存知ないようだ。ここには信仰から遠ざかった近代人の孤独があふれています。これは歌としてはすぐれた歌ですけれども、信仰の歌ではありません。

仏さまとの本当の宗教的な出遇いを歌ったものといえば、妙好人浅原才市の歌が代表的です。「あなた顔みりゃ不思議なあなた、あなたわたしでわたしもあなた」。これは決して異常心理ではありません。こういう具合になってはじめて、仏さまと私とが本当の関係になるのです。向こうに立っている客体だったら仏ではありません。仏が私になることによって私と仏の立場が入れ替わる、そういう親しい関係が言い表わされています。だから真の自分に出遇うということと、仏さまに出遇うことは別ではないのです。これをはずしましたら仏教はないと思います。

善導の自己洞察

その「自身」というものを、善導大師は「罪悪生死の凡夫」として感じたのです。自己は永遠の過去から永遠の未来に向かって生死に流転しているところの何とも救われがたい存在です。それを善導は「罪悪生死の凡夫」という言葉で表現した。これは人生五十年ないし百年のあいだの自分ではありません。そんな限られたものではない。私そのものには始まりも終わりもないのです。私の肉体や能力、癖や性格には、始めもあれば終わりもあります。身体や精神のいろいろな能力や特性、それらは、いわば私の着物です。私という存在の上にしばらく着ているところの外的な限定にすぎません。体はもちろんのこと、私たちが普通「心」と言っているものでも、やはり私の着物なのです。私は心をもち身体をもっています。しかし、その私というもの自身は心でもなければ、身体でもない。それを「罪悪生死の凡夫」と善導は言ったのです。それが善導のいう「自身」というものです。その「自身」は、自分ではなんともつかみようがない、得体の知れないものです。

俳人芭蕉の『笈の小文』の中に「百骸《ひゃくがい》九竅《きゅうきょう》の中に物あり。かりに名づけて風羅《ふうら》坊《ぼう》といふ」という一節があります。人間の体には胃や肺や手足といったいろんな諸器官がある。しかしそういうものでできている当のものはいったい何だ。これに仮に名前をつけたらどうなるか。それは「風羅坊」という呼び方になるというのです。これは無常な自己そのもののことを指しているのです。親がつけた「ナニノナニガシ」という名前だけではわからないところの、この五尺の体をもって、いろいろ考えたり悩んだりしている得体の知れないものがここにいる。そいつを何と呼んでやろうか。自己存在のこの感覚が、さきに言う善導の「自身」というものにも当てはまるように思います。芭蕉は、この風羅坊というのは、薄物の風に破れやすくて当てにならないものという意味だと言っています。自分は無常な存在です。どこまでも問題をかかえている存在だということであります。

私たちはみな一つの問題をもっているのです。それは、人生を生きていくうちに経験するいろいろな問題ではありません。どんな仕事につき、誰と結婚するかという問題などは、せいぜい七、八十年か百年のこの世だけの話です。墓場へ行ってしまえば、そういう問題はもうなくなってしまう。だいたい人間が生きているあいだの関心事は、どうやって飯を食うか、子供の教育をどうするか、老後をどう生きるかぐらいのものです。それが終われば、あとはせいぜい自分の墓をどうするか。それで終わりでしょう。しかしこれはみな私の外の部類のことです。私の自己にとっては外のことです。なぜなら、墓というものは骨が行く所、体が行く所だからです。さきに述べました着物にたとえて申せば、私たちの自己が纏《まと》っている何枚もの着物のうち、その一番外側の着物が行く場所にすぎません。

しかし宗教の問題は、そういう自分が着ている物についての問題ではありません。自、分、そ、の、も、の、の問題です。骨が墓に無事納まったとしても、それだけでは往生はできません。この自分というものは死んでも死なないのです。肉体は焼いたら骨になりますけれど、自分そのものを焼くことはできません。肉体の死によっては、われわれの自己そのものの問題は決して解決しないということです。

「自身は現にこれ罪悪生死の凡夫、曠劫よりこのかたつねに没し、つねに流転して、出離の縁あることなしと信ず」と善導が言うとおりです。「曠劫より」というのは始めがないということです。始めがない自分はつねに没し、つねに流転しています。「没する」とは生死の苦海の底に沈んでいる姿を表わします。そして時々波間に頭を出してはまた沈んでしまう。流転だけがいつまでもつづく。出離の縁がないというのはその生死海から出られない、そのはてしない流転から未来永劫脱却できるチャンスはないという意味です。もし如来の本願に、「南無阿弥陀仏」の名号というものに出遇わなかったら、これからも決して生死の苦から出られないだろう。これは前に触れました、無限の宇宙空間の中でたちまち暗黒の中に消えてしまう流星にも似たものが私という存在の運命だ、ということにほかなりません。まことに戦慄すべき善導大師の深い自己洞察の言葉であります。

私たちは誰でも自分であることをやめることはできません。教師や社長をやめたり、夫婦をやめたりはできるが、私が私であるということをやめることはできない。善導大師の言うのは、その私であるということ、そのことが抱えているところの問題でありますから、どこへも転嫁できない問題です。これがまさしく宗教の問題です。とくにお釈迦さまによって発見された仏道の問題です。人間はすべてのことをやめても、つまり死んでしまっても、自分自身をやめることはできない。すべての人間はみな宗教の問題を抱えているのです。

そういう意味において、どんな人もこの宗教的問題をもっています。それがわかる人とわからない人がいるだけのことです。ほとんどの人はわからないでしょう。最近はとくに伝統的な宗教が力を失ってまいりましたから、そういうことに触れるチャンスが非常に少なくなってきています。お坊さんですらわからなくなってきているようです。世俗化が僧侶集団の中へも侵入してきておりまして、代々お寺に住んでいるからといっても、わかっている人ばかりではない。実際、「お寺とは葬式をするところだ」と信じている人がお坊さんの中にもいるのですから。いつも他人の葬式に行くことばかりだから「人生の無常とは他人のことだ」と考えている。これが世俗化ということです。仏教がもう既成教団の組織の中になくなろうとする危険が、目に見えない形でひそかに進行しているようです。今日、われわれの仏教は、自分自身の本来の使命と現状とに向かって、根本的に覚醒しなければならないと思います。

私と仏との対話

話をもう一度、利他真実というところに戻します。自利・利他という大乗仏教の根本精神は、阿弥陀仏の利他真実にあるということが親鸞聖人の考えですが、それではその利他真実とは何を指すのでしょうか。それは真実の言葉、すなわち名号なのであります。衆生の立場に身を置こうとする仏の真実は、自らを言葉にする以外にありえません。なぜかと言うと、衆生は言葉の世界を抜け出ることができないからです。その衆生のために、色も形もない如来が言葉になる。それが南無阿弥陀仏の名号です。そのことが『教行信証』「教巻」の最初に出てくる次の文章の中に述べられています。

それ真実の教を顕さば、すなわち『大無量寿経』これなり。この経の大意は、弥陀、誓を超《ちょう》発《ほっ》して、広く法蔵を開きて、凡小を哀れんで選んで功徳の宝を施することを致す。釈迦、世に出興して、道教を光闡《こうせん》して、群萌《ぐんもう》を拯《すく》い恵むに真実の利をもってせんと欲《おぼ》すなり。ここをもって如来の本願を説きて経の宗致《しゅうち》とす、すなわち仏の名号をもって経の体とするなり。

如来の本願とは、要するに一切衆生の根本の願い、生命《いのち》それ自身の願いをかなえたいという願いです。衆生が自分の力でとうてい発見できない根本の願いとは、無量の生命のなかに生まれたい、生命が生命それ自身になりたいという願いなのです。「光明無量」の願いであり、「寿命無量」の願いであります。私どもは自分にわからない心の底の一番深いところで、きっとただ翳《かげ》りのない世界へ明るい所へ出たがっているのだと思います。どのような生を生きるかでなくて、ただ生きたいという、無条件の生命を願っているのだとも申せましょう。それは個体の願いではなく、個体の内にある生命そのものの願いです。ところが私たちは、実際はこのことになかなか気づかないのです。私たちにわかっている願いは、せいぜい病気になりたくない。死にたくない。もっと長生きしたい。そういう願いにすぎません。それは意識の上にあらわれた有限な願いです。松や杉の木に比べると、たとえ百年生きたとしてもまだ短い生命です。われわれは、そういう有限な願いがすべてであるかのように思っていますが、それはわれわれの意識の上に投射された願いだけを見ているからでありましょう。しかしこれは、われわれの願いがもともと有限なのではなく、無限な願いを自分勝手に自己中心に制限しているからだと思います。そしてそれが凡夫ということです。

けれども、われわれの心の一番の根源にあって、われわれの存在そのものと切り離せない願い、われわれの存在それ自身がそれであるような願い、それを本願と言うのでありましょう。このことを教えてくれたのが『無量寿経』で語られる法蔵菩薩であります。われわれひとりひとりの心の中にあるのに、しかも自分では発見できない願い。それを洞察して、その願いをかなえさせようという。それを如来の本願と言ったわけです。その本願を説くことが『無量寿経』の宗致。つまり現実世界から見ての経の最終目的であると言われているのです。

しかしながら、その経に説かれている当体、実質は、仏の名号だと言われています。もし本願がそれだけのものだったら、模糊として形がありません。しかし本願はすでに名号という形をとっているのです。名号に形をとらない本願というようなものはないのです。如来の本願が経の宗致であり、名号が体だというのは、このことを言うのです。だから「南無阿弥陀仏」の名によって私は仏に繋《つな》がるわけです。言い換えると、「南無阿弥陀仏」という名号として仏の方が私に来ているということです。色も形もないものがそのまま私に来ることはできません。私どもは「本願」と、いきなり言われても、まず誰でも考えこむでしょう。でも、考えることだけでは仏に繋がらない。「本願」「本願」とその言葉をいくら考えていても助かりません。そこで阿弥陀はわれわれに直接に繋がろうとして「南無阿弥陀仏」という名になった。ですから、本願といってもじつは仏の名号以外にないわけです。

本願と名号は二にして一であって切り離せない。ここにはおよそ言葉というものの最も根源的な姿、言葉の真相があらわれていると思われます。仏は言葉によって人に繋がるのです。人間は仏さまと話をするのです。浄土真宗とは、私と阿弥陀さまとが対話する教えです。話をすることによってのみ人間の心は安らぎます。話ができないのは地獄です。現に私ども、たとえ他人と口を交わさないことがあっても、自分自身とはいつも話をしているでしょう。言葉の問題を徹底的に考えたハイデッガーは「人間は寝てもさめても話をしている。夢のなかでさえ言葉を語っている存在だ」と言っています。

対話は人間存在そのものの根本構造です。対話というもの以外に人間の存在はありえません。人間はたまたま出会った人々と対話をするのではなく、対話つまり言葉を離れて出会うということはありえないのです。出会いが対話の基礎ではなく、対話が出会いの基礎なのです。親子や夫婦のあいだでも対話がなくなったら地獄だ、といった言い方をよくします。これは現象面のことを述べているわけですが、もっと本質的な次元において、言葉があるところにはじめて人間というものは存在するのだと言えます。だから、人と人とがどんなに離れていても対話があれば、つまり交通があれば、同じ世界の中にいるわけです。逆に、どんなに近い所にいても互いに交通がなかったら、これは別々の世界だと言わざるをえません。

対話、対話と申しましても、これは人間存在の根底にかかわる大きな問題なのです。それでは、阿弥陀さまと私とが対話するとはどういうことなのか。どういう対話をするのでしょうか。

ところで、対話の問題に入る前に言葉とか名前の問題についてもう少し立ち入ってみたいと思います。最近私があまり「言葉」「言葉」と言うものですから、このあいだある所で、「先生は〝言葉としての仏さま〟と言われるが、私は〝名前としての仏さま〟と呼んでいます」という方がいらっしゃいましたが、これは同じことです。なぜなら、名前とは言葉の最も根源的な在り方だからです。人間が何もできなくなった限界状況において残されたことは何かというと、名を呼ぶことだと思います。言語表現の一番最後の形はそのものの名前を呼ぶことです。それ以外のことをいろいろ言っているあいだはまだ余裕がある、人間はまだ自己の存在の限界に来ていないと思うのです。

島根大学の教育学の教授をしておられた故川上清吉氏の書かれたものに、そのことを物語る場面があります。この方は深い真宗の信仰をもった方でもあったのですが、子供さんを何人も亡くされた。その何番目かの息子さんが亡くなったときのことを書いておられます。肺結核のため二十歳の若さで死んだその息子さんが病床にあったとき、父親としていろいろと慰めた。「心配しなくてもいい」「じき良くなるよ」と、思いつくかぎりの言葉で励まされたといいます。しかし、病気はますます重くなっていく。死は見えている。その苦しみを見ていられない父親の口を思わず衝いて出た言葉は「お父さんはここにいるよ。わかるか」だったそうです。それを聞いた息子の表情には不思議な安らぎが浮かんだ、ということです。

私と阿弥陀の対話とは、たとえばそういうことだと言えましょう。阿弥陀さまは世間の話をあれこれするのではありません。いつも「私はここにいるぞ」と言うだけです。これが阿弥陀さまから私の方に語りかけるただ一つの言葉です。「私はどこへも行かない。ここにいるぞ」——このただ一つの言葉こそ永遠に変わらない真実の言葉です。では、私の方はどういうことを阿弥陀さまに言うのでしょう。「私は心配でございます」「苦しい」「死にたくない」。いろんなことを言います。たいていは自分の愚痴ばかりです。私が阿弥陀さまに向かって言えるのはそんなことばかりです。しかし、どんなことを私が言っても、阿弥陀さまの方は「私にまかせよ」と言う。「私はどこへも行かない、お前を捨てることはない」。いわばこれが私と阿弥陀さまの対話なのです。

ここにおよそ言葉というものの一番原始的な形があると思います。「南無阿弥陀仏」の名号とは、つまり言葉の原形のことなのです。だから親鸞聖人は、南無阿弥陀仏は阿弥陀が私を呼んでいる声だ、と言ったのです。「本願招喚の勅命だ」と。この阿弥陀の呼びかけは必ず固有名詞です。たとえば、私でしたらきっと「大峯顯よ」と呼ばれるでしょう。「皆さん方！」などとは言わない。阿弥陀さまは決してマイクで全体に向かって呼びかけたりはしません。必ず「A君よ、私はここにいるぞ」。こういう具合です。私に呼びかけるとは、阿弥陀が自分を名告《なの》っていることです。「A君よ」とAを呼ぶことは「私はここにいるよ」と自分自身を名告ることです。自分自身の名を言うことが、そのまま私の名を呼んでいることになる。「南無阿弥陀仏」はそういう名告りです。そこに仏さまがいる。

それに対して、私は「ハイ！」と返事をします。「ハイ」の主観的内容はいろいろあるでしょう。そのときどきの凡夫の心によっていろいろです。もちろん愚痴ばかりでなく、ありがたいと思う場合もありましょう。浅原才市のように「ありがたい、ありがたい」というときもあれば、「なんともない」ということもある。そのときの凡夫の心のあり方によってさまざまの内容となって出てきます。しかし、いずれにせよ、阿弥陀さまに対して言うわけですから「ハイ」と応えることでしょう。向こうから呼ばれて「ハイ」と言う。そこに、まぎれもなく私と絶対者とのあいだに存在のうえでの交流があるのです。

　交流があるから、才市のように「あなたわたしでわたしもあなた」となります。交流がなかったら、これは「あなたはあなたで、わたしはわたし」です。仏さまはどこまでも仏さまで、私は私で、そのあいだは垣根でへだてられたままです。これでは交流ではなくて対立です。前に紹介しました「ちかづきてあふぎみれどもみほとけのみそなはすともあらぬさびしさ」の歌にはそういう交流がありませんね。こちらに悩みを抱えた私がいる。私が仏さまを見ても仏は私を見てはくださらない。これでは交流がありません。つまり言葉がない。仏と私とのあいだに通い合う世界がないのです。どんなに近く仏前にいましても、そこに言葉がないと救いがない。ですから親鸞聖人は決して木像や絵像に最後のよりどころを置かなかった。「南無阿弥陀仏」という名号こそ真実の仏だと言われた。つまり名、もしくは言葉を仏にされたのです。

　南無阿弥陀仏の名号とはじつに原始言語であります。「原始」とは原始人の言語ということではありません。「一番根源的な」言葉という意味です。宇宙言語と言ってもよいでしょう。色も形もないところから言葉が発生してくる。その発生状態における言葉、言葉のないところから言葉が現われてくるところを指して名号と言うのです。だから「南無阿弥陀仏」の背後には言葉の及ばない世界があります。その世界を親鸞は「法性《ほっしょう》法身《ほっしん》」と言っています。「実相《じっそう》」「仏性《ぶっしょう》」「一如《いちにょ》」「真如《しんにょ》」など、いろいろの表現で言われます。そういう「いろもなし、かたちもましまさず」という次元から名前となって現われてくる言語。この世界に現われる第一の言語、原始言語。それが名号です。それはわれわれが社会生活で使っている言語とは異なります。社会生活での言語は、いわばそういう発生状態の言語が固定し分割してしまった姿だと言えると思います。社会生活の言葉は、すでに生まれてしまった言語であるのに対して、名号は生まれつつある言語、流動してやまない言語です。それでは根源的な言語とはいったい何をするのでしょうか。それはじつに、物の名を呼ぶのであります。

　吉野に住む歌人の前登志夫氏が『吉野日記』（角川書店）というエッセイ集の中に、紀州の海で死んだ人が遺体となって村に帰ってきた時の通夜の話を書いています。とくに宗教的なテーマを扱った文章ではないのですが、言葉というものの本質に対する詩人の鋭い直観がこの文章から感じられます。名前を呼ぶということの深い意味が書かれています。一人の村人がある秋の日に「熊野」の海へ魚釣に行って岩から足を滑らせて溺れて死んだ。その村人の遺体が帰ってきた悲惨な晩のことが自分には忘れられない。近所の人々が集まってお通夜がはじまった。死者の母親は遺体にとりすがって哭き叫んだ。幼い二人の子供たちは大勢の人が来たものだから父の死の意味もわからず棺のそばを嬉しそうに飛び回ってはしゃいでいる。多くの人々はそれを見て涙をさそわれたり、遺族を慰めたりしていた。みんなは若い妻君が悲しみに狂ってしまうのではないかと心配した。しかし妻君は泣かなかった。ただ憑かれたように死者の顔を見つめ、眠っている夫を呼びさますように夫の名を呼びつづけるのだった。するとあたりは急にシーンと水を打ったように静まりかえった。そのなかでいつまでも夫の名を呼びつづける妻の声だけが聞こえていた。

――大筋はこんな内容です。

私も何度もお葬式を経験して知っておりますが、大げさに泣いたりお悔やみをいろいろ言っている人に本当に悲しんでいる人はまずおりません。この奥さんにとっては、ただ夫の名を呼びつづけることだけが夫をとりもどす道だったのです。夫にもう一度出会う道はただ夫の名前を呼ぶことしかない。夫に対して、いろいろとくり言を言ったり、涙を流すことではありません。もちろん名前を呼んだところで、夫が生き返るわけはないのですが、妻はその深い悲しみに耐えるには名を言うしかなかった。この話は、むろんそのまま宗教だとは申しませんが、言葉の本来的なはたらきは、物の名を呼ぶところにあるという深い真理にふれていると思います。その人の名前を呼ぶことだけが、その人に出会う道だという人間存在の真実を言い表わしていると思います。

阿難の問い・釈尊の説法

ですから、阿弥陀さまは衆生に自分の名前を名告られたわけです。その阿弥陀の名前を呼ぶことによって私と阿弥陀とは感応道交することができる。これが称名念仏の教えです。『無量寿経』が説いている根本のところは、要するに阿弥陀と衆生とのこの対話にほかなりません。

そのときに世尊、諸根悦予《しょこんえつよ》し、姿色《しき》清浄にして光顔巍々《こうげんぎぎ》とましします。尊者阿難、仏《ぶつ》の聖旨《しょうし》を承《う》けてすなわち座より起《た》ちて、ひとえに右の肩を袒《かたぬ》ぎ、長跪《じょうき》合掌して、仏にもうしてもうさく、「今日世尊、諸根悦予し、姿色清浄にして光顔巍々とましますこと、明浄なる鏡の影、表裏に暢《とお》るがごとし。（後略）

『無量寿経』の序説は、釈尊と阿難との対話からはじまっています。お釈迦さまに向かってまず阿難が問い、これに釈尊が答えられるのです。その場合、この対話の源はじつに釈尊の存在に対する阿難の驚きです。お釈迦さまの身心の調子は、このとき非常によかったのでしょう。釈尊の全感官は生き生きと力に充ちあふれ、お姿は清浄であった。顔まで光り輝いていた。まるで鏡と鏡とが明らかに映し合うようだった。お釈迦さまの様子があまりに尊いことに驚いた阿難は、「このようなお姿であられるのは、いったいどうしてでございますか」と最初の問いを発します。「なにがゆえぞ、威神光々たることいまし、しかるや」と。すると釈尊は、一つの問いをもって答えられるのです。

ここに世尊、阿難に告げてのたまわく、「いかんぞ阿難、諸天のなんじを教えて仏に来《きた》し問わしむるか。みずから慧見《えけん》をもって威顔《いげん》を問えるか」と。

これに対して阿難が答えます。

阿難、仏にもうさく、「諸天の来りてわれを教うるものあることなし。みずから所見をもってこの義を問いたてまつるのみ」と。

阿難の最初の質問を受けてお釈迦さまは、阿難はよいことに気がついたと思われたのですね。しかし、釈尊はすぐにはこれに答えられずに、「お前は誰に教えてもらって、そんなことに気がついたのか」と問われるわけです。そうすると阿難は「いや世尊、そうではございません。私は誰にも教えられず自分で本当にそう思ったのです」と答える。そこではじめて、お釈迦さまは「お前はいいことに気がついた。よくぞ問うた」とおほめになる。「仏のたまわく、『善いかな阿難、問えるところはなはだ快し』」。阿難が非常によい問いを自分自身から出したことをお釈迦さまはほめられているのです。

このことは、とても大事な点であります。だいたいお釈迦さまという方は、あまり自分から進んで法を説かれるようなことはなかったと思われます。説教を安易にはなさらない方です。すると、この『無量寿経』はじつに阿難の問いがよかったから、お釈迦さまが説法なさったということがわかります。もし阿難のよき問いがなかったら、「南無阿弥陀仏」の教えは、ひょっとしたら説かれなかったかもしれません。

お釈迦さまの心の中に真理を語ろうという気持を起こさしめたのは、じつに阿難の問いだったのです。問いもしない人に真理を語れるわけがありません。真実を聞きたくもない人に語ったところで無益なことです。本当に疑問をもつ心こそ、真の答えを発見できる道だからです。世間一般の学問でも同じだと思います。たとえば数学の出来の悪い子供に「わからないところは聞きなさい」と言ったらみなわかったような顔をしている。「なぜ、聞かなかった」と後で叱ると「全部わからなかったから」——なにもかもがわからないから、どこを聞いていいかもわからない。わかった生徒と同じ顔をしている。「ここがわからない」ということがあって、はじめて教えてもらえるということがあるわけでしょう。本当に疑問をもっていると、ちょっと教えてもらっただけですぐわかるわけです。

そこで、阿難は「今日お釈迦さまの容姿がかくも浄らかであり、お顔がこんなに輝いているのは何故だろう」と不思議に思った。普通の人なら、お釈迦さまがいつも尊い顔をしていらっしゃるのは当たり前と思うでしょうが、阿難はお釈迦さまのことならどんなささいな事でも絶対に見のがさない忠実無比の弟子です。非常に繊細で誠実な心をもっている。それは、お釈迦さまを心から尊敬している心です。釈迦という先生の一挙手一投足にこまやかに注意をはらう。人間は相手の人格を本当に尊敬するとそうなるのだと思います。阿難はまた「今日特別尊いお顔をしていらっしゃるのは、過去・現在・未来の仏さま方と対話していらっしゃるからではないでしょうか」というような問いをも発します。ともかく、阿難のこのような根源的な問いが釈尊の説法を、つまり真理を受け入れる大事な場所となったのです。そこから『無量寿経』の本題が展開されていく設定になっています。この両者のやりとりは、まさに鐘と撞木の関係ですね。阿難の問いが撞木になり、お釈迦さまという真理の梵鐘にピタリと撞木を当てた。もし阿難のこの撞木がなかったら『無量寿経』という鐘の音は鳴りひびくことはなかったでありましょう。「鐘が撞木か、撞木が鐘か」と言われるとおりです。

　ここにおよそ真理探究における問いというもののもつ、はかりしれない重要性があるのですね。問いとは自分を空しくして求める心のことです。自分を空しくして求めない人には答えは絶対に開かれないでしょう。「縁なき衆生は度しがたし」――仏法に縁のある衆生とは、言い換えれば、大きな問いをもっている人だ、とも言えるのです。

「阿難、あきらかに聴け、いまなんじがために説かん」と。対《こた》えてもうさく、「やや、しかなり。願楽《がんぎょう》して聞きたてまつらんと欲《おも》う」と。

「あきらかに聴け」とお釈迦さまはおっしゃっています。ただ聴けというのではなく、いかに聴くべきかということが言われているのです。それほど聴くということは難しいからですね。「耳目をそばだてて聴け」、「全身全霊をあげて聴け」と。世尊の言葉に自分を空しくして耳を傾けることが大事なのです。自分に都合のいいように聴くのではない。あるがままに聴く。これがとても難しいわけです。けれども阿難は「願楽して聞きたてまつらんと欲う」とお答えしています。私は自分を捨てて聞きます。仰せのとおりをそのままに聞かせていただきますということです。

　これは、阿難とお釈迦さまの二人のあいだにだけ起こった特別な関係ではなくて、およそ真理に対して人間がかかわるときの関係の仕方を言っているのです。ですから私たちが仏法を聴くとき、彼がお釈迦さまに対したように、私たちもひとりの阿難とならねばなりません。仏法を求めるということは、みなひとりひとりが阿難になるということだと思うのです。この態度がないと『無量寿経』はただの昔話になってしまうでしょう。昔インドに阿難という仏弟子がいて、その人がお釈迦さまと、かくかくの問答を交わしたということである——こうなりますと、歴史学者のいう過去の事件か、そうでなければ、架空の物語、創作という意味での神話になってしまい、真理の問題ではなくなります。しかし『無量寿経』は、そんな過去のことや空想を語っているのではありません。すべての人間、すべての衆生の存在の根底に、つねに起こっているところの永遠の現在の出来事のことを説いているのです。

法蔵菩薩

さて、ここまでは歴史上の人物としての釈尊と阿難との対話でありますが、経の本文は、世自在王仏と法蔵菩薩との対話のことを説いています。阿弥陀仏になる以前の法蔵菩薩が本願を立て、それを成就して仏になるプロセスは、時間上の歴史ではなく、いわば永遠の内での歴史です。そういう永遠の歴史、法蔵菩薩と世自在王仏とのあいだの対話が、歴史上の人物としての釈尊の口を通して語られるわけです。だから釈尊と阿難との時間上の対話が、ここからは永遠の対話、超歴史的な対話の舞台へと転回していくのです。そうして、対話の舞台のこのような転回は、釈尊その人を軸に起こるわけです。というのは、釈尊こそ、時間の内にいながら同時にまた永遠の世界に立っていた存在だからです。

お釈迦さまは、人間の母から生まれた人間でありながら仏に成られた人ですから、われわれにはわからない法蔵菩薩や世自在王仏のことなどみんな知っておられるわけです。弥陀の本願という永遠の世界で起こった出来事を、釈尊は歴史的な物語の形で説くことができたのです。それはまったく、釈尊の悟り、正覚の力にほかなりません。弥陀の本願力や南無阿弥陀仏の名号、往生浄土というのはすべて、釈尊の悟りの内容であるわけです。逆に申しますと、釈尊をして悟りを開かしめたところのものは、じつに弥陀の本願の力であるということができるでしょう。つまり、法蔵菩薩の本願や成仏の物語は、釈尊によって時間の中で語られているわけですが、それを語らしめている本当の力は阿弥陀の本願にあると言えるわけです。

そうなりますと、釈尊と阿難との時間上の対話の場そのものが、本願という永遠の真理の場であるということになります。つまり、釈尊によって語られたところの永遠の真理の場の中に、われわれのこの時間の世界もあるのだということです。だから、法蔵菩薩の物語は決して時間上の昔話でも創作でもありません。それは、われわれの現存在の根底にあって、われわれの存在そのものを支えている永遠の出来事を指しているのです。法蔵菩薩は、今もわれわれの心の深い底に現在しています。もっといえば、仏法を求める者はみなひとりひとりが法蔵菩薩なのです。さきに、『無量寿経』の真理を聴くためには、ひとりひとりが阿難にならねばならないと言いましたが、法蔵菩薩についても同じことが言えるかと思います。

神話とは何か

以上、四十八願を述べられるまでの法蔵菩薩と世自在王仏の対話について考えてきましたが、ここで、もう少し神話の問題について考えてみたいと思います。

『無量寿経』はいわゆる神話の物語ふうに説かれています。遠い遠い過去世に一人の国王がいた。世自在王仏の説法を聞いて心に大きな歓びをもつ。国や王位を捨てて出家の身となり法蔵という名の求道者となった。その法蔵菩薩が世自在王仏という師の前で、この生死の世界の中で仏に成って、全宇宙の生きとし生けるものの苦しみの根源を除きたいという自分の誓願を申し述べます。そしてこの願を成就する道を教えてください、と世自在王仏にお願いする。

わかりやすい言葉でいうと、最大多数の最大幸福という願いをもったのが法蔵菩薩です。あらゆる人々の幸福とは、誰もが心のどこかで願っていることでしょう。政治家でも限界はあるにしても日本国の人々が幸福であることを願わない政治家は、本物の政治家ではないと思います。共同体の幸福を考えるということが政治家の基本条件だと思います。社会主義国家は、社会主義的なやり方でそうしたいと考え、あるいは民主主義の国は自分のやり方でやりたいと考える。それぞれ道はちがうけれど、同じ願いがあると思います。むろん法蔵菩薩の願はそういう政治的な次元での人間の願いではありません。幸福といっても一時の幸福ではなく、すべての時間にわたっての根源的な幸福のことです。

生きているあいだだけでなく、生と死の両方にまたがった根源的な幸福に、生きとし生けるものをあらしめたいという大いなる願、そういう願が法蔵の心に宿ったわけです。法蔵菩薩の心に生まれたこの願は、法蔵菩薩の心の外にあふれ出るくらいの大きな願いです。だからそれは、法蔵菩薩ひとりだけの特殊な願いではないわけで、生きとし生けるものすべての存在の根本にある普遍的な願いを代表したものと言えます。われわれの心の深い底のそのまた底にも、この願はきっとあるはずです。ただそれは、あまりに深いところにあるから、われわれは自分の力ではそれを知ることができない。私たちの力でわかっているのは、自分が幸せになりたいという願いだけです。われわれの外にあふれるような法蔵菩薩の願いはわれわれにはすぐにわからない。しかしその壮大な願いがないことには、生きとし生けるものの世界はないのだとも言えるのです。

とにかく、『無量寿経』では、そういう法蔵菩薩（阿弥陀仏）の本願の起こりとその成就の出来事が、一見昔話のようなスタイルで説かれているわけです。そこで『無量寿経』は神話にもとづいているのではないかという議論が出てきます。『無量寿経』の神話的な部分はなるべく避けて通ろうとする宗学者が一方にあるかと思うと、他方、いや神話ではないといって反対する学者もいます。しかしこれはどちらも、「神話」ということを昔話や作り話の意味にとっているわけです。神話など科学をもった現代人には合わない空想にすぎないという、近代人に一般化した考え方をもっているという点では共通しています。しかしこの問題は、そもそも「神話」とは何かという根本のところまで立ち還って議論しないことには、たんなる言葉だけの争いになるだろうと思います。神話であるかないかと言う前に、いったい神話とは何かという問いが根本的に問われなくてはなりません。今までの『無量寿経』研究ではこの問いが欠けていたように思われます。

シェリングの神話哲学

そこで『無量寿経』をはなれますが、神話とは何かということをここで考えてみたいと思います。近代という時代に入って、科学的な物の考え方が人々を支配するようになってから、神話というものは科学以前の原始的な世界観だということになり、空想に近いものと見られるようになりました。現代でも一般にはそう考えられていると思います。しかしその反面、他方では神話の研究がずいぶんと進歩しまして、神話の意味を真剣に考えなおそうとする動きも出てきています。そういう動きを哲学の世界で代表した人の一人は、十九世紀のドイツの哲学者シェリングです。彼は一八二〇年頃から、神話の哲学について講義をして、神話が決して作り話や空想ではなく、むしろ世界についての真理を語るものであるということを主張しました。

それまでは、ヨーロッパ人の学者でも神話といえばギリシャ神話しか念頭になかったのですが、十八世紀頃からヨーロッパが他のいろいろな文化圏と接触するようになって、ギリシャ神話だけが神話ではなく、エジプトやインドをはじめとする諸民族も神話をもっていることがわかってきました。神話は太古からすべての民族の生活や思考を支配してきた巨大な出来事の地平として、学問の視野に入ってきた。そしてそういう諸民族の神話が多種多様でありながら、しかもいくつかの共通点をもつことも知られるようになりました。そこから、神話を人類の世界観の一つとして全体的統一において捉えようとする研究が出てきました。たとえば、F・クロイツァーの『古代民族、とくにギリシャ民族の象徴的表現と神話』（一八一〇年）という本などは、当時のそういう神話研究の最初の代表的なものです。

シェリングの「神話哲学」は、そういう新しい神話研究に影響されて生まれたわけです。これは神話の事実についての文献学的研究ではなくて、神話が真理であることを明らかにしようとした哲学的研究です。シェリングの神話哲学が出るまでのいろいろな神話研究は、簡単にいうと神話を合理的に解釈する試みだったのです。つまり、神話はたんに荒唐無稽なおとぎ話ではなくて、一つの合理的な世界観をふくんでいるのだけれども、それが現代人にはわかりにくくなった不明瞭な言葉で表現されている。ミュートス（神話）は不完全なロゴス（理性）だという考え方です。だからそれを現代人の思考に合うように解読することが神話研究の仕事だとされていたわけです。たとえば、神話が神々の行為として記しているのは、じつは自然現象や人間同士の戦争とか政治的事件のことである。神々が争ったのではなく、実際は人間同士が争ったのである。世界には昔も今も人間と自然しか存在しない。神話の中に言われている事柄をこのように合理化して考えることが神話の研究のすべてだという考え方です。こういう考え方は、すでにソクラテス時代のギリシャの啓蒙思想家たちにもあったわけですが、シェリングは、まさしくこの考え方こそ神話の真理を誤解するものだといって、これに反対したのです。

このように神話の中に自然科学的な理論を見つけたり、倫理的意味を探したり、宗教上の観念を探そうとするのは、神話を神話でないものに翻訳してしまうことであって、それでは神話がそれであるところの真理、神話そのものには出遇えない、とシェリングは言っています。神話の内部に何らかの真理が暗示されているというのではない。神話自身がそれであるような真理があるだけだ、というのです。そういう真理は人間の理性的な言語、ロゴスによっては説明することができないものであって、もう一つの言葉であるミュートス（mythos）によらざるをえません。シェリングは、神話はわれわれの理性的意識よりも深い場所で起こっている客観的な出来事をいうのだと考えたのです。理性や科学を人間存在から切りはなすことはできませんが、同様に神話もまた切りはなすことはできません。人間が意識や知性よりも深いところで経験している現実世界の記述が神話なのです。だからどんなに科学が進歩しても神話の世界はなくなりません。神話は決して過去の事を言っているのではなく、時間の底にある現在の事件を言っている。われわれの現存在の根底において、つねに生きられている永遠の出来事だ、というのがシェリングの考えです。これは大変正しい考え方だと私は思います。

万物が在ることの不思議

現代でも科学主義的な考え方をする人は、神話をやはり過去のものだと言うようですが、それは偏狭な見方だと思います。われわれの世界経験の表面のことは理性の言葉で表現できても、深層へゆくと、そういう言葉は有効でなくなります。大昔は神々もいたけれど、今はいなくなったというようなことではないのです。昔も今も人間と自然があるだけです。それを神話人が神々と言ったのはなぜか。この世界と万物が現にこのように在るということそのことの不思議を鋭く感じたからです。存在のリアリティが直接、神話人を襲っていたのです。太陽や星があり、山や川や海があったりするということは、考えてみれば不思議きわまることではないでしょうか。たとえば、火山の噴火について地震学者や地質学者はいろいろ説明します。しかし事実についてのそういう科学的説明によっても噴火の不思議が消えるわけではないと思います。目の前に海があったり山があったり、人間が生まれたり死んだりすることの不思議――そんなことは別に不思議でも何でもない、当り前のことではないかというのは、現代人がそれを本当に感じる力を喪失したからではないでしょうか。神話人たちは、そういう存在そのことの不思議を感じることができたわけです。日本の『古事記』や『万葉集』では山のことを「山つみ」と言い、海のことを「わたつみ」と言っています。山つみとは山の神ということですが、これは山に棲む神のことではなく、山そのものが神だという意味です。山が現に存在するというそのことが、言葉では言い尽くせない不思議なことだという古代人の経験を言っているわけです。わたつみというのも同じことです。神々というのは、実在の圧倒的な経験そのものにつけられた名のことです。われわれは、これは太平洋、これは日本海と言ってしまうとそれでわかった気になり、もう海の存在に驚かなくなります。実在とわれわれの感受性とのあいだにクッションが入ってしまって、不思議を感じることができない。しかし、現代でもそういう不思議を感じることのできる人がいるわけでありまして、それを詩人と呼ぶわけです。詩とは神話人の世界経験を現代世界においてもう一度くり返す営みだ、と言えると思います。

神話の言葉は理性の言葉ロゴスのように、物が何であるかを言い表わしているのではなく、物があるということを言い表わしているのです。神話を空想と見なすのは、科学の言葉を基準にするからです。科学の言葉を基準にするとはどういうことかというと、世界の中の物は人間にはわからないはずはないという前提に立つということです。人間の知性で解明できる物ばかりでこの世界はできているという前提に立てば、神話時代の人の言っていることは空想だということになりましょう。しかし、はたしてわれわれにこの世界の現存在そのものがわかるでありましょうか。世界の構造はわかったとしても、そういう構造をもった世界がこのようにあるのはいったいなぜか。それは科学にはわからないことです。太陽や月がなぜあるのかわからないでしょう。日月星辰が廻転するのはなぜかわからないでしょう。月や星の軌道がどうなっているかは、天文学で知ることができます。地球から太陽までの距離はどれだけあるか、地球の自転の法則は何かはわかります。これは天体現象の how の解明です。しかし why は科学の次元を超えた問題です。世界がなぜ在るかは今日といえども巨大な謎だと言えます。この謎を知るには科学的知性とは別の感受性が必要であります。そしてこの感受性を一番純粋に表現したものが神話だと言うことができます。神話は、物が現に存在していることの直接的表現です。夢物語でも何でもない。われわれの世界存在の一番基礎に今も在る出来事、言葉で言えないような実在の直接経験が言葉になったのが神話です。

現代ドイツの神話学者W・オットーは、ロゴスが正しい言葉であるのに対して、ミュートスは真の言葉だ、と言っています。正しい言葉というのは、何らかの条件の下で妥当するような事柄についての言葉です。これに対して真の言葉というのは、どんな証明をもたないで、直接に与えられている事実を言い表わす言葉です。事実そのものが直接に言葉に反射しているのが神話の世界です。これを言葉の水平的次元と垂直的次元というふうに区別してもよいと思います。ロゴスを中心にするとミュートスは何だかおとぎ話めいて見えるわけです。しかし、ロゴスとミュートスの両方が正しい関係に保たれてはじめて、人間の世界認識は完成すると思います。ロゴスの大哲学者だったプラトンでさえ、死後の魂の問題についてはミュートスをもって語っていることは、注目すべきことです。

『無量寿経』が成立した時代（紀元前一世紀頃）は普通の神話時代よりもずっと後ですから、『無量寿経』が神話だということは誤りです。しかし今まで申してきたような意味での神話のスタイルで説かれていることは事実です。そういう神話の形をとって語られている事柄そのものは決して空想でも夢物語でもありません。私たちのこの世界の根底に、今なお起こっている永遠の出来事、つまり真理が説かれているのです。阿弥陀仏の本願によって衆生が救われるというような深い真実は、人間の分別にもとづいた概念や論理の言葉でとうてい説くことはできません。ロゴスの水平面に出すと消えてしまう垂直的な次元です。その真実を言うのにはミュートスの言葉の方

がかえって有効なわけです。真実を夢のようなスタイルで語っているのが『無量寿経』でありま
す。その夢のような言葉を聞くことによってはじめて、われわれは長い生死の夢から覚めるので
す。ロゴスの言葉で言える事柄だけが真理だとかたくなに思いこんでいる合理主義者の方が、深
い夢を見ているのであって、夢のようなことを真実と思っているのかもしれません。

信　歎異抄の核心をさぐる

絶対肯定の世界

『歎異抄』は浄土真宗で一番大事な「信心」の本質を端的に、そしてまた直截に記しています。とくに第一条と第二条には親鸞の思想のすべてが圧縮されているようにさえ思います。そこでは「弥陀の誓願不思議を信じる」ということが根本のテーマとなっています。親鸞聖人は、われわれのこの世界を根底から支えている世界、われわれが生きても死んでもそこを出ることができない絶対肯定の世界、そういう世界を発見したわけです。どんな喜びや絶望の中にいてもそこを出ることはできない。われわれの生も死もその中でしか起こらない。どんなに深い絶望であっても、それは小さな自分ひとりの思いこみでしかない――そういうことを教えてくれました。その「弥陀の誓願不思議」の世界の中にわれわれは生きているのです。もはやわれわれに心配なことは何もないということです。これはすばらしい発見だと思います。ここではその『歎異抄』の第一条、

第二条を中心に、「本願」と「信」ということについて考えてまいりたいと思います。

第一条の冒頭に突然のように出てくる「弥陀の誓願不思議にたすけられまゐらせて」の中の「不思議」とは、われわれが生まれる前からその中にいたし、そして今もいる、これから先もいるであろうところの広大無辺な明るい空間の不思議のことです。つまり、私どもが生まれてくる前にも仏さまはいらっしゃった。また、われわれは今の刹那、刹那をその仏さまの大きな慈悲の中に生かされている。そしてやがて死が訪れても、やはりその仏さまの中を出ることはない。そこにはいかなる暗闇というものもない。明るい大肯定の世界にほかなりません。その中に一切の命は支えられているという明らかな事実のことを「弥陀の誓願不思議」と言っているのです。

『歎異抄』はつづいて「往生をばとぐるなりと信じて念仏申さんとおもひたつこころのおこるとき、すなはち摂取不捨《せっしゅふしゃ》の利益にあづけしめたまふなり」と記しています。これは「誓願不思議」のありがたい思いが自ずから念仏となって出ることを言っています。信心は「南無阿弥陀仏」の称名となって自然に外にあらわれるというのです。「おまえを助ける」と言っている如来の声が聞こえたら、「南無阿弥陀仏」はどうしても出ざるをえない、抑えることはできないと親鸞は言うのです。

信心が大事というのはそのまま称名が大事ということです。親鸞聖人は信があれば必ず称名が出ると言っています。出ないのは信がないからです。『教行信証』の中では「真実の信心はかならず名号を具す」と言われています。しかし、また同時に「名号はかならずしも願力の信心を具せざるなり」とも言っています。逆かならずしも真ならずです。これは仏を信じないで念仏をしている人もいるということでしょう。自分の願いを叶えてもらいたいがために念仏をしている人もいます。たとえば「金もうけをさせてもらいたい」とか「病気にならないように」とか。それほど極端でなくとも「長生きしますように」「臨終が安らかでありますように」。そういうのも人間の願いです。「せめて安らかな往生を」という願いのどこが悪いという人があるかもしれません。人様に何の迷惑をかけることでもないではないかと。けれども、それはやはり仏さまにまだまかせきっていないのです。そういう心は自分の運命を自分で心配している心だからです。

自分の臨終のことなどは阿弥陀さまにまかせてしまえばよいのです。臨終がどんな有り様であろうが、そんなことは往生とは関係ありません。苦しもうが苦しむまいが必ず浄土に往生させられる私なのです。死に方みたいなものは、もう仏さまにまかせてしまえばよいのです。それでもまだ心配だというのは、やはりまだ仏さまに対するかすかな疑いがあるからだと親鸞は言っています。そういう思いをもった念仏でしたら、これは信じていないということなのです。半分は信じていない。「信」とは一点の疑いもないということであります。九九パーセントは信じているが、一パーセントはまだ少し心配が残っている。これは信とは申しません。他力の信とは言わない。自分で作りあげた信心だから、どこかが欠けてくるわけです。

信とは私が仏さまの方へ行くことではなく、仏さまが私の方に来るということです。仏が私を呼んでいる声が、「おまえを救う」と言っている声が聞こえたということです。聞こえたら助かるのです。聞こえてから、どうかして助かるのではありません。聞こえたことが助かったことなのです。それを信というのです。だから、この信は崩れるということがありません。なぜなら、向こうが呼んでいる声が聞こえたら、それはもう私に決定的なことが起こったわけですから、こちらの心はどうであれ、絶対に崩れようがないのです。「金剛不壊の真心」(『教行信証』信巻)と親鸞聖人が何ものにも破壊されない金剛石にその信心をたとえられたのは、仏さまが私に来るというのは、たのもしい限りのことだからです。私の方で何か特別なことを思いこむことではないから「金剛心」と言ったのです。それは絶対に崩れない金剛石なのです。仏さまの本願力が絶対に大丈夫だということであります。

しかし、私の心の方は大丈夫とは申せません。私の心は時と状況によってフラフラして、ありがたそうな気持にもなれば、あまりありがたくもない、何ともない気分にもなる。これはもう変わりやすい天気のようなものでありまして、決して大丈夫とは言えません。けれども、仏さまの本願が大丈夫だから心配ないのです。「念仏申さんとおもひたつこころのおこるとき」——これでもう決まる。本願の呼び声が私に聞こえた時、すべてが解決したのです。これで私は仏になれるわけです。どんな煩悩が起ころうと、そんなことは妨げになりません。それよりも仏さまの力の方が強いからです。

そのあたりのことを親鸞は「悪をもおそるべからず」という表現で述べています。この場合、悪とは私の中に起こってくるいろいろな煩悩の迷いとか不安、狂気を指しています。その煩悩の悪を心配することはない。弥陀の本願を妨げるほどの悪はないからだ、というのです。『歎異抄』は次のように記しています。「(弥陀の)本願を信ぜんには、他の善も要にあらず、念仏にまさるべき善なきゆゑに。悪をもおそるべからず、弥陀の本願をさまたぐるほどの悪なきゆゑに」。私の心の中がどんなに暗かろうが明るかろうが、それは往生には関係ない。阿弥陀さまの本願の方がたのもしいから、私の方の状態は問題ではない。私の心の中に起こってくるどんな善への努力も、どんな煩悩の黒雲も心配ない。阿弥陀さまの光の前ではその両方は無いのと同じになる。全部が光に貫き通される——こう言っています。これでないと私たちは救われないですね。これほどの絶対肯定を語った宗教的言語はほかにないと思います。

機の深信・法の深信

その前にただ信心だけでよいことの理由が述べられています。「そのゆゑは、罪悪深重《ざいあくじんじゅう》・煩悩《ぼんのう》熾盛《しじょう》の衆生《しゅじょう》をたすけんがための願にまします」と。私どもが絶対に助からない存在だということを如来は先刻お見通しだというのです。阿弥陀さまはもとから私の心の中を見通している。私の中にいろんな煩悩がわいて死ぬまで取れないものだということをちゃんと知っていらっしゃる。絶望的な存在だということをとっくにご承知だということです。

また、『歎異抄』の第九条には「しかるに仏かねてしろしめして、煩悩具足の凡夫と仰せられたることなれば」と言われています。やはり私たちが絶望的な存在だということを述べたものです。この「かねて」というのは「はじめから」ということです。私どもが普段「かねてあなたにお願いしておりました件」という場合とは少し意味が違います。この「仏かねて」は、そんな一カ月前とか一年前のことではなく、われわれの存在の始まりから、この宇宙の一切の始まりからということです。『ヨハネ伝』に「はじめに言葉ありき」というあの「はじめ」です。われわれがこの世に来る以前からご存知なわけです。われわれは極楽へなど往けない煩悩の存在だと仏さまは先刻ご承知なのです。はじめは「極楽へ往けるだろう」と思っていたのが、途中でよく考えたら「これは無理だな」と考えなおされたのではありません。たとえば、はじめは良くできる学生だと感心していたのが、二、三年つきあううち、どうもあまり伸びそうにないと見限るようなこととわけが違います。はじめから、これはデキの悪い落第生だとわかっている。それが「仏かねてしろしめ」すということです。

「煩悩具足の凡夫」とは私が自分のことを言うのではありません。仏さまがおっしゃる言葉です。凡夫などと自ら口にすることは、それは自分で自分のことがわかっていないというあかしです。たかが知れた道徳的反省で「私は悪い人間です」などと言っても、それはウソでしょう。私には自分が凡夫だなんて決してわかりません。凡夫であるのに聖人のように思っているのが凡夫というものです。凡夫の自覚がないのが凡夫の正体です。「どうせ私は凡夫ですから」という人がいますが、「どうせ」なんていう副詞は余計なことです。「もとから」凡夫なのであって、それは仏さまの光に照らされてはじめてわかることです。どれだけ鋭い道徳的反省でも、反省する自己そのものは、反省されないで残るのが私どもです。凡夫という言葉は自分で自分に言う言葉ではないのです。そこで、そういう凡夫を救おうというのが仏の願いです。だから凡夫と知らされたことは、もう助かったということです。まず、凡夫と知って、それから次に助かるということではなくて、凡夫と知らされた時がとりもなおさず助かった時です。

真宗学では、それを「機の深信」と「法の深信」と呼んでおります。凡夫が凡夫であることをわかること、地獄へしか往きようのない私だとわかることを「機の深信」と言います。機というのは、これは私自身の現実を指しているのです。ですから、助からない者だと自分の存在を自覚することを機の深信と言うのです。けれども、これはさきにも申しましたように、自分で反省してわかることではない。私の心の底なき底にある暗黒ですから自分ではわかりません。光に照らされてはじめてわかるのです。とにもかくにも助からない私だということです。

親鸞聖人の言葉でいえば「とても地獄は一定すみかぞかし」です。第二条に「いづれの行もおよびがたき身なれば、とても地獄は一定すみかぞかし」という言葉が出てきます。これが「機の深信」です。地獄しか往きようがない自分だ、と親鸞は言うのです。けれども救われがたい自分だということは、これは救われてはじめてわかることなのですね。そういう自分が絶対に間違いないお助けの中にあると信じること、それが「法の深信」です。助からないということがわかったことが助かったということです。逆に、助かったことがわかった時が、助からない自分だということがわかった時です。

これは、まさしく絶対の矛盾です。けれども、これが機法一体ということです。昔から「機法一体の南無阿弥陀仏」という言い方がされてきました。助からないとわかった時が助かった時で、助かったとわかった時は助からないことがわかった時――。「それは矛盾だ」と言っても、それが人間存在の実相だから仕方がありません。確かに形式論理から申しますと、こんなおかしなことはないかもしれません。助かったということはあくまでも助かったのであり、助からないとはどこまでも助からないことである。分析論理の立場からすれば、そのとおりです。これはつまり、われわれが自分の生き死にということに関係のない、平面のところで人生を考えている時には、そういう論理で十分なのです。今日は今日で、明日は明日。黒は黒で、白は白。それで用が済むわけです。

しかし、それはいわば人生の浅い層での話、人生そのものが問いになっていないところでの話だと思います。そのかわり、その世界には悩みというものが入っておりません。悩みは黒が黒だと言われても納得できないところに生じるものでしょう。われわれの悩み、苦しみというものはいわば、存在論的な〝ヨコ車〟なのです。「あなた、悩んではいけません」「こんなことで苦しむんじゃありません」――「ハイ、そうですか」で済むのでしたら、これは悩みとは申しません。悩むなと言っても悩まざるをえないことがある。人間というものは一番底でヨコ車を押す存在だと思うのです。死ぬときがきているのに「死にたくない」とヨコ車を押す。ですから人間存在の最も深い根底には「一プラス一は二」と言えないところがあります。「AはA」という自同律がとどかないのです。その絶対の矛盾をそっくり包んでしまうのが機法一体ということですね。助からないとわかることが助かるということ、それが西田哲学のいう「絶対矛盾の自己同一」であります。

親鸞の夢とユング心理学

『歎異抄』の第一条は、親鸞聖人の思想の全部を集約した言葉であります。「ただ信心を要とするべし」——この中に全部がこもっている。阿弥陀さまの本願は無条件の救いです。そのまま救うとおっしゃっているのだから、それを信じる。その言葉をそのまま受け入れる。それだけでよいのです。如来の声が聞こえたらもういい。人生の中で、この言葉一つが聞こえたらそれでよいのです

ある篤信の方が、夜中に目がさめトイレに行ったときふと、真宗の教えに遇《あ》えて本当にありがたかったと思ったことがある、という話をされたことがあります。夜中に目がさめて、昼間よりも身近に仏さまを感じるということがあるわけです。覚醒時には、なかなかそれがわからない。夜中というのは、やはり意識が非常に深層的になるのでしょう。昼は阿弥陀さまや浄土のことが遠い話に聞こえるけれども、夜中にふと仏の声を聞くことがあります。

親鸞聖人が経験された仏の告示は、みな夢の中の夢告です。たとえば「弥陀の本願信ずべし　本願信ずるひとはみな　摂取不捨の利益にて　無上覚をばさとるなり」（「正像末和讃」）。これは夢

の中で得た和讃です。八十五歳のときのもので、「康元二歳丁巳《ひのとのみ》二月九日夜寅時《とらのとき》夢に告げていはく」と書き記されています。これは伝説ではなくて実際に夢にみられたのです。夢という意識の深層部において、「弥陀の本願信ずべし」という決して夢でない真実が親鸞の脳裏にパッとひらめいた。これは生き生きとした覚醒であります。「弥陀の本願を信じなければならない」と。昼間の雑音の中では阿弥陀の本願はどこか夢みたいで、もっとリアルなことがほかにあるのでしょう。信ずべきことをほかにたくさんもっています。けれども、逆に夢の中では、そういうものはみな取るにたらない。人間に大事なのは、阿弥陀さまがおまえを必ず救うと言っているその言葉だけだ——こういう真実が親鸞の心の底から夢となってありありと現われたのでしょう。この和讃を夢の中で授かり、うれしさのあまり書きつけたと記しています。夢は覚醒のときよりもっと深い不思議な覚醒に親鸞をみちびいたのです。

本願を信じる人はみなひとり洩らさずおさめとって（摂取）捨てない（不捨）という、この阿弥陀の光の中に包まれるから必ず仏になる。無上覚を悟るとは涅槃を得るということです。すなわち仏になるという意味です。これに対して摂取不捨の利益はこの世の出来事なのです。これを等正覚《とうしょうがく》と言います。阿弥陀さまを信じたら、ただちに摂取不捨の利益で阿弥陀の光芒の中におさめ取られてしまう。これはわれわれが生きているあいだに起こる経験であります。

要するに、「念仏申さんとおもひたつこころのおこるとき」が摂取不捨なのです。信の一念のときに摂取不捨の中に入った人は、命終わるとき、必ず仏になる。「かならず」と親鸞は言っています。この不思議な和讃を親鸞聖人は八十五歳のある冬の暁方、夢の中で授かった。まるで世界の底の底から現われてきたような言葉だと申せましょう。

これはユングのような深層心理学者であったら、「無意識」と呼ぶところでしょう。われわれの平常の覚醒時の意識は個人的なものでありますから、意識自体の範囲はすこぶる狭小なものです。自意識は世界のほんの小部分です。平生、われわれは自分というものを意識と同一視していますから、意識よりもっと深い自分などは自分ではないと思っています。自分が知っている自分、自己意識だけを自分と思っているわけです。

しかしユングの説によると、自己意識の世界は世界のほんの一部にすぎないわけです。太平洋の真ん中にある小島の周囲にくだけている白波の部分だけを自分と考えているようなものだというのです。周囲にはその何千倍、何万倍も広い海原があるのにです。自我という小島をとりまく大海原のように私という存在の大部分は無意識のところにある、とユングは言うのです。この広大な無意識の世界では、個体というものの枠がありませんから、すべてのものが繋《つな》がっているわけです。そこではわれわれは、人間だけでなく、存在するもの全部と互いに連関しています。ユングのいう「集合無意識」という形で、動物とも一体になっているし植物や岩石とも一体になっている。いわば宇宙に繋がっているわけです。そういう深層の次元にこの私の存在の根があるということ、私という意識的な自己の一番の深い根はそこまで伸びているということを、彼はいろいろな研究によって明らかにしたのです。そうして人類の偉大な宗教思想や芸術作品や科学上の発見は、みなそういう無意識の深層から生まれてくるというのがユングの説です。

親鸞聖人のこの和讃なども、やはり何かそういう世界の一番底から浮上してきたような言葉という感じがします。覚醒時にはなかなか出てこない言葉のように思います。夢と現《うつつ》の境のようなところから出てきた言葉です。親鸞という人は、夢のお告げ、つまり夢告に真理を見ています。夢の解読をやった人です。一番最初の夢は、叡山の修行に絶望して下山し、六角堂に籠もった、いわゆる六角堂の百日参籠のときでした。そのとき、夢の中に観音が現われてきます。そして偈文の霊告を与えられたと伝えられています。それによって法然上人の門をたたくことになるわけです。これは、念仏の門をたたくそのきっかけとなった有名な逸話です。

夢告というと、われわれ現代人は何となく半信半疑の傾向がありますが、人間の世界は大変不思議なところでありまして、夢は、すべての夢がそうだとは言えませんが、どこか真実に繫がる場所であるのかもしれません。たとえばデカルトのような理性的な哲学者においても、夢がやはり大きな意味をもっています。手記を見ますと、デカルトは一六一九年に夢の中で真理の霊が神によって送られ、学問の基礎を発見したと書いています。デカルトの生涯に夢が大きな働きをなしたことは明らかです。ですから大きな思想や真理は平凡な覚醒時ではなく、むしろ夢の中に現われてくる。そういうことがないとは言えないように思います。

親鸞聖人は恵信尼の書状に明らかなように、その後も夢の解読を行なっています。そして、それによって信仰の世界を深めていきました。夢を解読することによって、さらに深い信の次元へ入っていく。自力の執着を脱皮して、さらに深い阿弥陀に対する絶対の信順という世界へひたすら降りていった。これは恵信尼自身についても同じことが言えます。恵信尼は常陸国の下妻・境郷に親鸞とともに住んでいた頃に堂供養の夢を見たのですが、その夢で、法然上人の本地が勢至菩薩、親鸞は観音であることを知らされたと後に書いています。親鸞が亡くなってから娘の覚信尼にあてた弘長三年二月十日付の手紙に、その夢のことが書かれています。

本願・信心・念仏

さて、『歎異抄』第一条の核心は「罪悪深重・煩悩熾盛の衆生をたすけんがための願にましますと」ということでありました。助からない者を助けようというのが阿弥陀さまの本願なのだ、だからお助けは間違いがないわけです。これがもしも、条件を満たした者だけを助けようという願だったら、われわれは不安です。まだ条件をクリアしていないのではないか、という不安がいつもつきまとうでしょう。けれどもそうではなくて、阿弥陀の願は無条件でこの身このままの私を救おうというのだから、何も心配はいらないことになります。

それにもかかわらず、われわれ凡夫はその頼もしい本願を疑うのです。私の心の中には、疑いの心がトグロを巻いています。広大な阿弥陀さまの本願をわれわれが自分で信じようと思っても信じられるものではありません。信じたと自分が思っているだけです。自力の信なんてありえません。「信じる」というと、なにか自力的な連想をしがちですから、信心そのものが不可能なように思う誤解も生まれるのでしょう。だから親鸞は、信心とは阿弥陀さまの呼び声が聞こえることだと言っているのです。「帰命は本願招喚の勅命なり」（『教行信証』行巻）。「お前を助けるぞ」、これが聞こえたことが信です。この単純な真理にうなずくために、われわれはいろいろと苦労して聴聞、聞法を重ねるわけです。

親鸞聖人は「ただ信心を要とすとしるべし」とおっしゃいました。そうすると、ここでまた「それなら信じないと助からないのか」という疑問を抱く人が出てきます。これもまた信を条件のように考えているのです。「無信の者は助からない」と勝手に条件をつけて、「信心」「信心」と力むことになると、これがまた、よけいわからなくなる。もともと助かっていることがわかるのが信です。私が信じたときに、あわてて阿弥陀さまが助けてくださるんじゃない。ここが難しいですね。「往生をばとぐるなりと信じて」という言い方は、ともするとこちらから信じるように受けとりがちですが、私の方から能動的に信じるということではありません。信は絶対受動性だからです。「弥陀の誓願不思議がわかるのは親（弥陀）じゃ」――いわばそういうことです。信が自力でないということを仮にそういう具合に言ってもよろしいでしょう。つまり、親鸞の言葉をもっとていねいに言い換えるなら、「往生をばとぐるなりと信じて」は「信じせしめられる」ということです。それは私が信じようと思って信じられるものではないからです。また「念仏申さんとおもひたつこころのおこるとき」というのも、念仏を称えようと私が思うということではなく、念仏を称えようという思いが私の上に自然に起こる、ということになりましょう。

そこで、これまで述べてきましたように、とにかく本願を信じるということは起こるわけです。本願を信じるということがあったら、もうなにも恐ろしいものはない。私の中にどんな煩悩が湧いてこようが心配はいらない。念仏にまさる善は、この世の中にもこの世の外にもないと親鸞は言っています。信とならんで「念仏」ということが『歎異抄』にはさかんに出てきます。それは、やはり信心と言いましても、念仏ということと切り離せないからです。口を閉じたままの信心などないということです。信じているということは、自分の観念のようなものではないのです。具体的に称名という形を取る。口を閉じたままで、仏さまを「信じている」と思っていることは信ではないのですね。それは観念です。私の心の表象にすぎません。

信じることと信じていると思うこととは根本的に違うのです。思うという余計なものがなくなったところが信なのです。だから、本当の信心というのは確信という状態からは最も遠いもののように思います。「私は阿弥陀さまに助けられると確信しております」。「私は助かると思っています」。あるいは「私は阿弥陀さまを絶対に信じています」。これらは信心ではない。それは私の心にすぎません。なぜなら、そういう心はすぐに反対の疑心になるからです。確信の反対は疑心です。「助かる」と信じている心は「助かるだろうか」との不安にたちまち変わる。少なくとも両者は相対的です。山のお天気みたいに入れ替わり、立ち替わりする。確信が晴れたら、見る間に黒雲の疑心が湧いてくる。「これでいいのだろうか」との心配がまた出てきます。確信と不安が交《こもごも》する。だから確信というのは信用できないのです。

真実の信とは「助かるだろうか」という心配も「助かる」という確信もいらないということです。これが他力の信です。このことをたとえてよくこういう話をします。「大地を歩くときに、あなたは大地を信頼して歩いていますか」と。今ここで足を前に出したら地中に落ちないだろうかなどと私どもは考えながら歩いているでしょうか。「私は大地は絶対に裂けないと確信して歩いています」という人がいますか。あるいは反対に「いつ裂けるかとビクビクしながら歩いています」という人もいないでしょう。そういうときには、疑い心とか確信とかいうものはないですね。両方ともないのです。

もう一度話を念仏ということに戻しますと、親鸞聖人は念仏と弥陀の本願とをほとんど同義語として用いております。たとえば、第一条の最後の部分の次のような文章がそうです。「しかれば本願を信ぜんには、他の善も要にあらず、念仏にまさるべき善なきゆゑに。悪をもおそるべからず、弥陀の本願をさまたぐるほどの悪なきゆゑに」。これは本願と言ってもいいし、念仏と言ってもよいのです。本願と念仏は、いわば不即不離の関係です。本願が念仏で、念仏が本願です。どうして念仏が本願かと言いますと、この念仏は自力の念仏ではないからです。自分から発源することができないから本願と同じです。次に本願がどうして念仏かと言いますと、本願は頭で考えられるものではないからです。「南無阿弥陀仏」という称名念仏に出てくるもの以外に本願はないのです。

さらに具体的に言いますと、弥陀の本願とは、念仏を称える者を救おうという本願だということが『歎異抄』の第十一条に述べられています。本願の中に必ず念仏がふくまれていることを言ったわけです。

命より大事なもの

第二条の内容はあまりにも有名です。『歎異抄』の最大の面目はこの第二条にあるとさえいう人もおります。それは、「とても地獄は一定すみかぞかし」という言葉が読む人に強烈な力を伴って迫るからでしょうか。そのことについては少し先で述べます。第二条の書き出しは「おのおの十余箇国のさかひをこえて、身命《しんみょう》をかへりみずして、たづねきたらしめたまふ御《おん》こころざし、ひとへに往生極楽のみちを問ひきかんがためなり」ではじまっています。関東から尋ねてきた弟子たちを前に親鸞聖人がお説きになるわけです。これは関東の信者たちの中にひとつの異安心が起こったからでしょう。親鸞聖人が京都へ帰られて月日が立つうちに、関東で親鸞聖人が言われたことと異なるいろいろなことを言いふらす人が出てきた。指導者を失った信仰集団が動揺したわけです。そこで、直接親鸞聖人にお尋ねしようということで京都まで上ってきたのでしょう。「身命をかへりみずして」と書かれてあります。往生極楽の道はどこにあるのかということを命がけで聴きに来た。当時はさすがに命より大事なものを知っていた人々がいたわけです。近頃はなかなかそうはいきません。少し田舎の方のお寺になると、夜道が危なくて転ぶから「夜はお寺へは参らない」というお年寄りが少なくないと聞きます。老人にケガをさせても困りますが、総じてみなさん、最近は身命をかえりみますね。身命をかえりみながら仏法を聴く。仏法も大事だけど身命も大事。それでは「どちらの方がより大事か」と聞かれると「やっぱり身命が大事だ」——こういう具合です。結局、ここが仏法の聴き方の大事な岐《わか》れ目になると思いますね。一番大事なのは、やはりこの世の平穏な生活であって、それにつっかい棒をするために仏教の話を聴く。こういうことでしたら、阿弥陀さまは二の次になります。自分の命を守ってくれるものとして阿弥陀さまの話を聴くことになる。

道元禅師は「不惜身命」と言っています。仏道のためには身命を惜しむなと言うのです。これは心がまえを言っているわけでありまして、なにも病気を冒して無理をしろということではない。仏道のためなら病気も何もあるものかということではありません。仏道のために身体を大事にするという意味で、「惜身命」とも言っています。ただ、人間にとってどちらが一番大事かということが問題になりますと、それはこの私の命ではなく仏法だ。仏さまの方が大事に決まっています。「南無阿弥陀仏」あってのこの命です。「南無阿弥陀仏」が私の命を生かしているのです。「南無阿弥陀仏」がなかったら私の命などどこにもないのです。名号は命のエイジェンシィです。私の命より大事なもの、それが仏法であります。

本当の宗教の世界は、人が個人の生命より尊いものを発見したときにはじめてあらわれてくるものだと思います。「ああ、生まれてきてよかった」「人間の生命をいただいてよかった」ということが宗教心だと思います。宗教心とは、生きたい、死にたくないという心ではなく、生きることがありがたいという心でしょう。つまり、個体の生命よりも大きな生命の次元を知ったときにはじめて、個体の生命の尊さがわかるのだと思います。ただ一度きりの生命だからありがたいのではありません。私の個体を生かしている、もっと大きな生命というものを発見したときにはじめて、この生命の尊さ、かけがえのなさということがわかってくる。仏の生命の中にいる自己だからこそ、この命は尊い。今日私どもは、そういう大きな生命の感覚をもっていないですね。キリスト教の信者は、「神の国に召される」と言います。個体以上の生命というものとの繋がりをそういう言葉で表現しているのです。そういうことが現代日本ではめっきり少なくなったように思います。宗教の喪失、世俗化だといわれるゆえんです。

生命の問題というものは、そのために個体の生命を失っても惜しくない何かを発見するということに帰着すると思います。往生浄土とは、個体の生命よりさらに大きな生命世界へ還ることだと言えましょう。そのためには、個体の生命への執着を捨てなければなりません。浄土へは生身のままで往けるはずがありません。娑婆世界と同じものを浄土で食べたりはしないのですから、身体をもった個体は消滅します。個体をもっている限りは、生死に輪廻するだけの生存であります。往生とは大きな生命の中へ小さな生命が還っていくことです。それは、個体の生命のほうから言うなら死ぬことにほかなりません。

生と死に対するこういう態度は、かつては人類が共通にもっていたものです。世界宗教はみなそうでした。今でもヨーロッパ文明地域以外の社会では、そういう生命観は生きているようです。

たとえばイスラム圏がそうでしょう。彼らは宗教のためには戦争もします。「聖なる戦い」の名の下に個人の命を捧げるということを未だにやっております。ただ生活のためや金もうけのために命を捨てているわけではありません。まさしく宗教戦争です。宗教戦争を決して肯定するわけではありませんが、回教徒の宗教を守ることがそうした戦いになっているわけです。

日本人にはあの大戦争が執拗に影をおとしているのでしょう。間違った国家観から多数の人々の命が失われた不幸な経験を日本人はもっています。ある相対的な目的のために、個人の命を捧げることが強制された。「天皇陛下のために命を投げだす」ということが合言葉でありました。そういう一種の擬似宗教によって生命が軽視されたことへの反動として、戦後は、もう二度とだまされまい、国家は信用できない、何が何でも守るべきは各人の生命、ということになってしまった。極端に右へ行った振子が今度は大きく左へ振れすぎて、あるべき健全な所に来ない。脳死や、臓器移植の問題に対する考え方にもこれが反映しているように思われます。日本人ほど個人のレベルだけで生命を考える国民は少ないのではないか、とさえ思ったりします。

宗教的出遇いの意味

そこで、関東の弟子たちのことに話を戻しますと、親鸞聖人を訪ねてきた人たちは、どうしたら本当に浄土に往生できるかを訊きたいというわけです。この背景には関東の教団が随分ゆれていたということがあります。「私は親鸞聖人からじかに、こうしたら極楽へ往けると聞いた」など信仰の上でウソを言う人が出てきたのです。親鸞聖人の長男である善鸞の場合がそうです。善鸞は「私は夜中誰もいない所で、父から直接に本当の教義を聞いた」「あなた方が聞いてきたのは、あれは本当のことではなかった」と弟子たちのあいだに触れ回ります。その結果、大変な混乱が起こり、結局親鸞聖人は善鸞を義絶するという聖人の生涯における最大の悲劇が起こったのです。

親鸞聖人は、これらの人たちを前にして次のように答えています。

しかるに念仏よりほかに往生のみちをも存知し、また法文等をもしりたるらんと、こころにくくおぼしめしておはしましてはんべらんは、おほきなるあやまりなり。もししからば、南《なん》都《と》北嶺《ほくれい》にもゆゆしき学生《がくしょう》たちおほく座《おわ》せられて候《そうろ》ふなれば、かのひとにもあひたてまつりて、往生の要よくよくきかるべきなり。

念仏以外に何もないということです。隠しているものはひとつもない。もし、そんなことを思って来られたのなら、それは根本的な間違いだ、と言っています。もし、往生の途が念仏以外に何かあるのではないかと思っているのだったら、それは私のところへ来ても仕方がない。それよりも奈良や比叡山の学問僧、高僧たちに訊けばよろしい、と述べています。「往生の要よくよくきかるべきなり」とは非常にシニカルな言い方ですが、言外に「そんなところへ行ったって助からんぞ」という機鋒がこもっています。私は南都北嶺では助からなかったのだ、と。親鸞はそこへ行って教えてもらいなさいとは言っておりません。行ったところで、教えてくれる人は一人もいないはずだと言っているのです。

その次は「親鸞におきては、ただ念仏して弥陀にたすけられまゐらすべしと、よきひとの仰せをかぶりて信ずるほかに別の子細なきなり」とあります。親鸞は法然上人から念仏の仏道を学んだ人です。「よきひと」とはその法然上人のことです。法然上人が、ただ念仏して阿弥陀さまに助けていただくほかないと教えてくださった。その上人の言葉をそのまま信じて念仏する。それ以外に何もない。親鸞はそう言っています。これは絶対の信頼、純一無雑な信順です。法然上人の言葉は、そのまま仏さまの言葉だったのです。法然上人の言葉を仏の言葉として受けとることによって親鸞聖人は救われたのです。

これは啓発をうけたというようなことではありません。こういう師との出会いは、どこにでもあるものではないと思います。仏法のわからないところを先生が教示してくれる。そういう先達、先輩として先生に出会った人々はたくさんいたでしょう。最澄、空海にも、そういう弟子たちはたくさんいたに違いありません。最澄自身もそういう師をもったでありましょう。しかしながら、親鸞聖人の場合はそれとは少し違うのです。知識をもらったのではなく、助けてもらったわけです。だから「よきひと」と言われているのは、良い人間、善人という意味ではありません。尊敬すべき人、優れた人という人間の理想的な人格を指したものでもない。要するに、自分がわからなかった仏教の教えを教示してくださった深い学識と高い人格をかね備えた方、ということとは違うわけです。まさしく私の全存在を救ってくれた人そのものです。私を救うのは仏しかいません。あれこれと選択に迷う私に「こちらへ行きなさい」と教えてくれるのは人間かもしれませんが、私を地獄から助け出してくれるのは人間ではありません。だから「よきひと」とは法然という形をとった仏だったのです。聖と真・善・美との根本的な違いを力説したマックス・シェーラーという哲学者は、聖者とは道徳的人格者や芸術的天才、賢者や仁者のような者ではない、たといこれらの性格を一身にかね備えた人でも聖者ではない、と言っています。聖者とは人を救うことのできる人、つまり仏のことだと思います。

「高僧和讃」の中のにも、そのことがよく表われています。七高僧への賛美がいろいろ述べられている中で、法然上人に対する親鸞の思いは、これはもうまったく格別のように私には感じられます。法然をのぞく高僧たちは皆、親鸞聖人が直接に出会ったことがない人々、いわばテキストという形で出会った仏たちです。しかし法然上人だけは例外です。その肉身をまのあたりに見、自分の耳でその肉声を聴いたただ一人の仏さまでした。和讃には、「智慧光のちからより　本師源空あらはれて　浄土真宗をひらきつつ　選択本願のべたまふ」とあります。つまり親鸞聖人にとって法然という人は、母親の胎内から生まれ出た人ではないのです。智慧光、つまり仏さまの智慧の光を胎として、その中から、人間の形をとって現われてきた人だと言われています。

それから、「善導・源信すすむとも　本師源空ひろめずは　片州濁世《へんしゅうじょくせ》のともがらは　いかでか真宗をさとらまし」という和讃もあります。意味は、善導大師の『観経疏』や『往生礼讃』とか源信和尚の『往生要集』その他の書物だけでは、末法の日本に生まれたわれわれは、とうてい浄土真宗には遇《あ》えなかっただろうということです。善導はともかく、源信和尚は日本浄土教の開祖とされているのに、どうしてこのような言葉が出てくるのか、ちょっと不思議ですね。しかし、じつは親鸞聖人は源信の著作を読んで助かった人ではありません。もし『選択本願念仏集』の著者にお遇いできなかったら、私は決して真宗をさとらなかったと言うのです。

もう一つ、「曠劫《こうごう》多生のあひだにも　出離の強縁しらざりき　本師源空いまさずは　このたびむなしくすぎなまし」という和讃があります。よく注意してみますと、先の和讃は一応、歴史的時間の中の出会いのことを言っています。中国唐期に生まれた善導大師、日本の平安時代に生まれた源信和尚、そして鎌倉時代の親鸞。これはいずれも、この世の時間の中の存在です。ところが、この和讃の方は、無限の生死輪廻の中にいる私が法然上人に遇ってはじめて助かった、ということを述べているのです。これは歴史的時間の中の出会いでなく、永遠の中での出会いです。私という終わりも始めもないこの実存の生死流転の世界の中での事件を言っているわけです。

法然との邂逅が二重の視点で感じられているわけです。すなわち鎌倉時代という歴史的時間の中にもし源空が出現しなかったら、私は本願に遇えなかった。これは時間の中の出会いのよろこびです。もうひとつは「曠劫多生のあひだ」迷ってきた自分というものの実存が感得されています。無限の時間の中でみると、私の中身は罪悪生死の流転だということです。われわれは、決してこの世ではじめて流転するのではありません。もとから流転している存在です。この世とは、無始無終の気の遠くなるほど長い流転の中のほんの一ステージにすぎません。親鸞は言います。

その中で、この私は何と長いあいだ迷ってきたことか。本師源空に遇わなかったら、今度もまた生死を出られずに、再びぐるぐる回りをくり返すことになっただろう。その長い長い流転輪廻を断ち切る縁、その機縁を法然上人によってはじめて与えられた。そうすると、そういう法然上人は、たんにこの世だけの存在ではなく、永遠にわたっての仏さまということです。

法然との出会いはかりそめのものではなく、遠い宿世の因縁によるものだったということでしょう。これは永遠の中の出会いです。

聖人のこの実感をもっとよく示しているのが、「阿弥陀如来化してこそ　本師源空としめしけれ　化縁すでにつきぬれば　浄土にかへりたまひにき」という和讃です。法然上人は阿弥陀如来の化身だと、ここではっきりと言われています。源空の本地はお浄土の阿弥陀如来だから、この世の教化を終わって再び浄土へ還られたと言うのです。

日本人の死生観を問う

以上のような意味で法然上人のことを「よき人」と呼ぶわけです。その仏の言うことだから、この親鸞は念仏するのだと。それ以外に、理由は何もないと言う。「念仏は、まことに浄土に生るるたねにてやはんべらん、また地獄におつべき業にてやはんべるらん。総じてもつて存知せざるなり」。法然上人が念仏しなさいとおっしゃったから親鸞は念仏する、それだけだ。その念仏は浄土に生まれる種子《たね》であるか、地獄に堕ちる業であるか、私はまったく知らない。それが「ただ念仏する」ということです。極楽へ往く条件だからと思ってする念仏であったり、あるいは、それでもひょっとしたら念仏だけでは地獄に堕ちるのではないかというような心配をどこかにもちながらの念仏なら、これは念仏だけになっていません。私の余計な思いが念仏に入っているからです。念仏に不要なものがくっついています。立派な家が完成してしまったのに、まだ足場を築くようなものです。念仏に足がくっついたら、文字どおり台無しです。「どうぞ、よい往生を遂げますように、ナンマンダブ」これはいらざる足場です。往生を願っての条件つきの念仏だから、これでは、ただ念仏してとは言えません。

それからまた、自力聖道門のような修行が仏道の本流ではないか、と揺れながらの念仏。これも、ただ念仏をしたことにはなりません。やはり心配がくっついているからです。「総じてもつて存知せざるなり」の念仏、これが、ただ念仏、裸一貫の念仏です。

それでは、どうしてそんな言葉が出てくるのか。地獄、極楽のことを考えないで、ただ念仏をするのはどうしてか。その理由が次の言葉です。

> たとひ法然聖人にすかされまゐらせて、念仏して地獄におちたりとも、さらに後悔すべからず候ふ。そのゆゑは、自余の行《ぎょう》もはげみて仏に成るべかりける身が、念仏を申して地獄におちて候はばこそ、すかされたてまつりてといふ後悔も候はめ。いづれの行もおよびがたき身なれば、とても地獄は一定《いちじょう》すみかぞかし。

法然上人にだまされても少しもかまわない、法然上人と一緒なら地獄へでもどこへでも自分は往くと言うのです。つまり、法然上人にだまされて、「しまった！」という気持が起こるのは、自分がまだ何かをできると思っているからです。「しまった。念仏なんかせずに、あの行をやればよかったのだ」ということになるのです。しかし、親鸞はどの道、地獄にしか往きようがない身だというのです。救われようのない絶望的な存在だと。それが「とても地獄は一定すみかぞかし」ということです。

けれども、よく考えてみましたら、これは現代のわれわれの世界の状況のことではないでしょうか。多くの現代人にしても、やはり往く先は何も無いのです。われわれのこの世の命は間もなく終わります。そしてその彼方は虚無です。この世の命だけがすべてなら、死後はまっ暗闇の世界、すなわち虚無への転落しかありません。現代人はそれ以外の死後をもつことはなかなかむつかしい。こちら側だけ明るい世界をもっているだけであって、彼方は何も信じられないわけです。これはニヒリズムという意味での「地獄一定」でしょう。ただそのことに気づかずにいるだけです。『人は死ねばゴミになる』という本を書いた人がいましたが、ゴミとはそういう虚無のことでしょう。この人生には意味があると思って生きてきたけれども、その後には無意味が待っている。これは結局、人生そのものが無意味だということであります。

しかし、日本人にはもともと、そういうニヒリズムに近い思想を育くむ土壌があったように思います。『古事記』上巻の初めを見ると、そのことがよくわかります。神々の誕生からはじまるこの物語は、イザナギが、死んだ妻のイザナミを恋い慕って黄泉の国を訪れる場面を描いています。そして結局、黄泉の国から逃げ帰ったイザナギは、「吾は穢き国に到りてありけり」と言って河原の水で禊《みそぎ》をしています。古代日本人にとっては死後の世界は明らかに悪い所だったのです。本居宣長は『鈴屋答問録』に、黄泉の国は汚く悪しき所だ、けれども、人は死ねばみなそこへ往かねばならないから、この世で死ぬほど悲しいことはない、と述べています。このように日本人は原初的には、この世しか肯定していなかったのです。

これは現世主義でありますが、同時に心情的なニヒリズムです。生きているあいだはよいが、最後は暗い所へ往くしかないという考え方は、自覚をもたないニヒリズムだと思います。悪しき黄泉の国というのは、死別の悲しみや辛さというものが硬直し、一種の変質をとげて死後へ投射されたものだと思います。死ぬことは嫌なことだから、死者の往った世界も決してよい所であるはずがないというわけです。死への嫌悪や恐怖心が前方に投射されて、悪い黄泉の国という幻影をつくりあげたのでしょう。しかし、これはまだ思想というようなものではないと思います。

そういう日本の心情的な精神風土へ、中国から仏教が入ってきて、死後は仏の光明の世界だという往生思想が登場してきました。これは心情ではなく高等な思想です。日本人は、仏教のおかげではじめて思想らしい思想をもったと言えます。平安時代になって源信が、そうした死後の往生浄土の理論と実践を『往生要集』に書きます。これによって日本人が伝統的にもってきた世界観がひっくり返ったのです。つまり現世の方が悪い世界になり、暗くて汚れた世界と考えられていた未来が光明世界に変貌したのです。

日本人の意識の流れがここで逆さまになります。黄泉の国は誰もが往く所です。良き人も悪しき人も、死ぬだけでみなそこへ往く。悪いことをした人だけが往くということはありません。この世でどんなに善いことをした人間でも、同じように黄泉の国へ往く。上代の日本人の死後の国の性質はそういうふうになっていたわけです。ところが、源信が説く極楽浄土は、仏を信じないかぎり決して往けない世界です。仏の来迎にあずからないことには極楽には往けない。黄泉の国のようにひとりでに転げ落ちていくような所ではないのです。ここに、この世とまったく次元を異にした超越的世界が登場してきたのです。光明の世界としての浄土を欣求し、穢土であるこの世を厭うという思想が、平安時代末から一般の日本人の死生観に影を落としてきました。このことは当時の文学作品、たとえば、『源氏物語』や『平家物語』にその一端をうかがうことができます。西に沈んでゆく落日の彼方に、やがて往くであろう遠い極楽浄土を思う、というような描写が随所に見られます。

親鸞の浄土観

そういうふうに死んでから往く遠い西方世界である源信の極楽浄土は、やがて鎌倉期の法然、親鸞、一遍といった巨人たちによって凌駕されていきます。はるかな極楽浄土がいわば、われわれの現在と直結しているような近みの世界として経験しなおされたわけです。この新しい浄土観が、さきに述べました『歎異抄』冒頭の言葉の中にこめられています。信心の人には浄土はもうこちらへ来ているということです。死んでみないとわからないのではなく、生きている私の現在に姿を現わすわけです。これは、往生浄土の思想における驚くべき大きな変革だと思います。もし親鸞聖人が出なかったら、われわれは、今日でも死んだ後の極楽世界を思いやって人生を生きていくだけでありましょう。極楽浄土をはるかに思いやる、そういう生き方で満足していたことでしょう。『往生要集』によれば、臨終正念が往生の条件とされています。つまり、臨終のときに一心に念仏しないと極楽に往生できないということです。そうすると、われわれには死ぬまで不安がつきまとうことになります。しかし親鸞聖人は、この来迎往生の不幸な思想をはっきりと批判しております。

『末灯鈔』の第一書簡がとくに鮮やかです。「来迎は諸行往生にあり、自力の行者なるがゆゑに。臨終といふことは、諸行往生のひとにいふべし、いまだ真実の信心をえざるがゆゑなり」。念仏以外のいろんな行によって浄土に往生することを願う人々、あるいは臨終のときの念仏によって往生しようと思うのは自力の人だ、真実の信心がないからだと言うのです。臨終来迎にこだわる立場は自力の立場である。

臨終を大事と思ったり、臨終のあり方が心配になるのは信心がないからだと親鸞は明言しています。本当の信心を得た人の生き方はどうかといえば、「真実信心の行人《ぎようにん》は、摂取不捨のゆゑに正定聚の位に住す。このゆゑに臨終まつことなし、来迎たのむことなし」と書かれています。今、ここで、すでに仏さまのお救いの中に生かされているということに気づいてはじめて、真実信心の人だというのです。「正定聚」とは、間違いなく仏となる約束が定まっている人々、という意味です。平生から仏さまの光に包まれている、これは仏さまと私が片ときも離れていない日常生活を意味します。これに反して、来迎往生の立場は阿弥陀さまは向こうにいて、自分はこちらにいる。私と阿弥陀は離れている。その間の距離を何とか繋ごうとするところから、五色の糸で仏さまと病人とを結ぶというような臨終作法がでてきたのです。

これは『栄華物語』にも書かれていますが、藤原道長は『往生要集』に定められたこの作法をそのとおり実行した人です。死の床についた道長は、まわりに立てた屏風の西側をあけ、九体の阿弥陀仏を安置して、釈尊入滅の姿で臥しました。そうして阿弥陀仏の手から引いた五色の糸をしっかりと自分の手につないで、ひたすら念仏したそうです。不安な心境だったことでしょう。そういうものはまだ自力の心だと親鸞聖人は言われます。それは私が阿弥陀さまをつかもうとしていることだからです。

それに対して、摂取不捨とは、阿弥陀さまが私をつかんでいることです。つかんで放さないのは阿弥陀さまの方です。私の方はつかんだり放したりですが、阿弥陀さまは衆生をいったん摂取の光の中に摂め取ったら、絶対に捨てることがありません。親鸞聖人の説かれる他力の信心とは、私が阿弥陀さまをつかむことではなく、阿弥陀さまが私をつかむことです。親鸞聖人は摂取不捨のことを、「せふはものゝにくるをおわえとるなり　せふはおさめとる　しゆはむかへとる」（『浄土和讃』左訓）と表現しています。阿弥陀さまに背を向けて逃げていく私をどこまでも追いかけてきて、光明の中に摂めとるのが阿弥陀さまの救い方だというのです。私が阿弥陀さまを追いかけるのではなく、阿弥陀さまが私を追いかける。それが摂取不捨ということです。そうなった以上、私はいつ死んでもいつまで生きていても構わない。どんな死に方をしても少しも心配ないわけです。死に様がどうであろうと、間違いなく阿弥陀さまの摂取の中にあるのです。

「このゆゑに臨終まつことなし、来迎たのむことなし。信心の定まるとき往生また定まるなり」。「臨終まつことなし」と聖人は言い切っています。信心が定まった時が往生が定まった時だ、死ぬ時ではない、往生は平生の時に定まるのです。これこそ、大乗仏教史上にのこる親鸞聖人の不朽の思想だと申せましょう。これによって、大乗仏教思想の一番の神髄、すなわち絶対肯定の世界がはじめて日本語の表現にもたらされたのです。もちろん、それは『無量寿経』の中に蔵されています。しかし、それをわれわれの言葉にしないと、思想というものは成立しません。いくらお経の中にあると言っても、それをわれわれの血肉にするには、われわれ自身の言葉で言い直さなければなりません。親鸞聖人はそのことを実行したのです。「信心の定まるとき往生また定まるなり」――たのもしい阿弥陀の救いへの絶対の信順です。これによって極楽浄土がこの世に直結したわけです。真の浄土は、向こうから刻々私のところに来て現在を支えている世界だということです。ところが、もう八百年も前にこうしたすばらしい思想が説かれているのに、未だに多くの日本人は死後の往生だけを考えているのが現状のようです。「お迎えを待っています」とか言っているのは、極楽浄土を向こうへ押しやって、自分から遠ざけていることです。残念ながら、親鸞聖人よりも以前の段階に逆もどりしていると言わざるを得ません。

真実の言葉の伝統

さて『歎異抄』の文章に戻ります。

弥陀の本願まことにおはしまさば、釈尊の説教虚言《きょごん》なるべからず。仏説まことにおはしまさば、善導の御釈《おんしゃく》虚言したまふべからず。善導の御釈まことならば、法然の仰《おお》せそらごとならんや。法然の仰せまことならば、親鸞が申すむね、またもつてむなしかるべからず候ふか。詮ずるところ、愚身の信心におきてはかくのごとし。このうへは、念仏をとりて信じたてまつらんとも、またすてんとも、面々の御はからひなりと云々。

ここには、仏教の伝統とはそのまま真実の言葉の伝統だ、教えの伝統は、真実の言葉の導管を通ってのみ伝わる、ということが述べられていると思います。「説教」「仏説」「御釈」「仰せ」「申すむね」これらはみな言葉のことです。ところで普通に考えると、そういう教えの伝統のルーツは、お釈迦さまの説法ということになります。釈尊の説法、つまり『無量寿経』がなかったら、われわれは念仏の教えを知らなかったでありましょう。その『無量寿経』というテキストは、釈尊の説法を信じた人々によって書かれた経典です。だいたい紀元前後の頃、インドの天才たちが書き残したサンスクリットの書です。それは悟った人間としての釈尊の言葉ですが、とにかくそういう人間の言葉を介さないと阿弥陀の本願に遇えないわけです。宇宙の真理、換言すれば、われわれがその中で生かされ、その中で死ぬ生命の仕組みの不思議というものに出遇うことはできないのです。つまり、歴史的時間のうえから申しますと、たしかにお釈迦さまの説法がなかったら阿弥陀仏に出遇うことができない。これはそのとおりでよくわかることでしょう。ところが、親鸞はここではそうは言っていません。お釈迦さまの説法がまことだったら阿弥陀の本願がまことだ、とはおっしゃっていません。そうではなく、弥陀の本願がまことだからお釈迦さまの説法は虚言ではない、という言い方です。これは阿弥陀さまの本願のまことというものが、釈尊が説いた『無量寿経』の真実の基礎だということです。阿弥陀さまの本願のまことが、釈尊の説法の真実という形をとって出現しているのだということです。

これは、『無量寿経』が人間の発明や創作の書ではなく発見の書だという意味であります。『無量寿経』は人間精神による発明品ではないのです。本願海が語る声を聞いた者の言葉、精神的宇宙の真理を発見した人の言葉です。たとえば、ニュートンと万有引力との関係を考えればよろしいでしょう。ニュートンは万有引力を発見したのであって、彼が万有引力を発明したのではありません。彼が生まれる前から諸天体はお互いに引き合っていたわけです。その世界の中にニュートンもすべての人々もいたのですが、彼以前の人は誰もそれを知らなかった。ニュートンがはじめて、もとからある自然法則の世界に目を開いたわけです。

ちょうどそれと同じように、阿弥陀さまの本願力とは、いわば精神的宇宙の万有引力と言えましょう。本願力の法則の中から生きとし生けるものは誰ひとり出ることはできません。釈尊とてその中にいるわけです。そういう広大無辺な慈悲の法則というものを、お釈迦さまがはじめて発見することができたのです。だから親鸞はさきの文章で、お釈迦さまの『無量寿経』が決してフィクションではないということを言っているわけです。宇宙の中にもとからはたらいていた本願力、そういう世界の真実相に、釈尊ははっきりと目覚められた、ということです。経典は誰かが神がかり状態になって口走った幻想ではありません。正しい覚醒者の言葉なのです。釈尊は海鳴りのように鳴っている阿弥陀の本願海の声を聞かれたのに違いありません。本願海が鳴っている海鳴り、十方衆生のひとりも洩らすまい、ひとりも捨てることはない、必ず救いとろうと呼んでいる本願の海鳴りをお釈迦さまは聞いたわけです。十方世界の一切のものを捨てないということが、利他真実ということです。真実とは何かといえば、すべてを無条件で包むものだと思います。条件を必要とするものは真実ではないでしょう。無条件で生きとし生けるものをことごとく包む、そういうものが真実、まことということです。「弥陀の本願ま、こ、と、におはしまさば」と言われるときの「まこと」とはそういうことでありましょう。

釈尊と阿弥陀仏

それでは、どうしてお釈迦さまは本願海の海鳴りを聞くことができたのでしょうか。それは釈尊は「我」を捨てられたからです。エゴの外に脱出したから、その海鳴りが聞こえたわけです。弥陀の本願はお釈迦さまの悟りの内容でありますが、それはお釈迦さまの心の中だけにあるものではありません。むしろ広大な弥陀の本願の中にお釈迦さまがいるわけです。『無量寿経』はそういう立場で説かれています。いや、大乗の経典はみなそういう立場だと言えましょう。

小乗経典の場合は、どうしてもお釈迦さまという個人が偉大になっています。人類精神史上はじめて、悟りという空前絶後の仕事をなし遂げた偉大な釈尊が説いた教えだから真実だ、ということに力点がいくわけです。偉大な人格を有するその人が説く道だから、ひたすらそれに従っていこうというのが、小乗の立場です。ところが、その後現われた大乗の天才たちは「いったい釈尊は何を言いたかったのか」というふうに、経典の言葉の外づらだけではなく、その真の精神というものを深く考えていったわけです。

そして、そこに弥陀の本願や浄土という真理を発見したのです。つまり、阿弥陀さまの本願の方が、釈尊よりももっと大きく根源的だということがわかった。すると、阿弥陀さまの本願というものをお釈迦さまが代弁しているのだ、ということになります。だから、大乗仏教は、お釈迦さまという個人の人格や思想の崇拝ではないのです。お釈迦さまという個人は弥陀の本願の中へいったん消えてしまって、本願の代弁者として新しく登場してくるわけです。

これは一般的に言えることですが、どんなに偉大な個人的人格でも、死後数百年も経てば影響は薄れてくるものです。同世代であれば、釈尊のような偉大なリーダーの影響力は絶大でしょう。だから、その後をみな歩いていこうとする。時代的に釈尊に近い小乗仏教の弟子たちは、お釈迦さまには及ばないにしても、ひたすらその後を付いていこうとしました。お釈迦さまと同じように悟ろうとしたのです。それが小乗経典の仏教観です。ところが、釈尊が亡くなられて数百年後に出た大乗の弟子たちは、お釈迦さまが説かれた真理とはいったい何であるかという次元へと問いを深めて行ったのです。その結果、『無量寿経』の編纂者たちは、それは広大無辺な慈悲のことだという結論に至ったのです。釈尊が悟った真理の本質を、阿弥陀の本願という言葉によって捉えられたわけです。このようにして、「如来、世に興出したもうゆえは、ただ弥陀の本願海を説かんとなり」(「正信偈」)という親鸞聖人の洞察が出てくるのです。

お釈迦さまはいったい何のためにこの地上に出られたのか。とどのつまり何をなさろうとしたのか。それはじつに阿弥陀の本願の慈悲を説くためである。だからそれを説いた『無量寿経』こそ真実の教えだと親鸞聖人は言われています。つまり、釈迦個人は阿弥陀の本願の中へいったん消えてしまって、阿弥陀の本願を人間の言葉で語る存在として新しく転生してきたのです。お釈迦さまの口を通して阿弥陀さま自身が語る、そういう新しい世界が出てきたのです。大乗経典の世界はそういう立場です。今までは、お釈迦さまが直接に仏教の世界を語ってきた。ところが大乗経典では、お釈迦さまという個人を通して阿弥陀さまが直接に語るという立場になってくるのです。

『無量寿経』には如来、つまりお釈迦さまがこれを説いたと書かれてあります。「仏説」というのは、一応そういう意味です。しかし、語っているのはじつは本願海自身なのです。弥陀の直説ということです。それが「弥陀の本願まことにおはしまさば、釈尊の説教虚言なるべからず」というさきの言葉になっているのです。「弥陀の本願のまこと」が「仏説のまこと（釈尊の言葉のまこと）」というものを成り立たせる最終の根底だ、ということが述べられているわけです。

いったい如来の本願の「まこと」とは、人間の言葉ではない言葉です。阿弥陀の本願について人間の方から語ることはできません。それは人間の立場での言葉の次元を超えているからです。日本語でもなければ、中国語でもインド語でもない。弥陀の本願海が鳴っているそのことがそれであるような、そういう言葉が本願の「まこと」です。存在そのものの言葉という意味では宇宙言語、言葉の最も根源的な姿という意味では原始言語とでも言えるでしょうか。その人間の言葉を超えた言葉が、人間の言葉になったものが『無量寿経』にほかなりません。

人間の言葉でないものがどうして人間の言葉になりえたかと言いますと、お釈迦さまが「我」を捨てられたからでしょう。インド人としての我や個体としての我を捨て、さらに人間としての我そのものを捨てた。それで宇宙の言葉が聞こえたのです。釈尊は人間の言葉を聞いたのではなく、阿弥陀の本願という宇宙の言葉を聞いたのです。考えてみますと、本当の宗教というのは、みな宇宙の声を聞くことからはじまるのですね。

それでは、釈尊から後の人々はそういう宇宙の声は無縁とか言いますと、そうではないということを親鸞聖人はその次に述べています。「仏説まことにおはしまさば」、つまり釈尊の説教である『無量寿経』が真実だから、その言葉を解読した「善導の御釈虚言したまふべからず」というのことになる。阿弥陀の本願の海鳴りに耳をすませた善導大師の言葉もウソではない、というのです。善導は『無量寿経』というお釈迦さまの言葉を通して、阿弥陀の本願海が鳴っている声を聞いた人です。だから、善導の解釈はまことだということになるのです。ここでも、やはり言葉なきものが言葉になるという事情があるのです。宇宙の言葉が自己を捨てた善導の言葉になっている。そうしてさらに、その善導の解釈が真実だったら法然の仰せもそらごとではないことになる。法然上人は「偏依善導」とまで言った人で、善導大師をこのうえなく尊敬し、その著作を徹底的に読破しております。法然上人はとりわけ、善導の書かれた『観経疏』を通して阿弥陀の本願海が鳴っている声を聞いたのです。

その次は非常に遠慮がちな言い回しです。「法然の仰せまことならば、親鸞が申すむね、またもつてむなしかるべからず候ふか」。さしずめこれが日蓮上人なら、端的に私の言うことは仏法のまことに的中している、と言うところでありましょう。しかし、親鸞聖人はそうはおっしゃらない。法然上人のおっしゃることがまことだったら、この親鸞が言うことも本当ではないだろうか。こういう具合に言われるわけです。親鸞聖人は、法然上人が「地獄へ往け」と言うなら往く、とまで言い切られた方です。「南無阿弥陀仏」を称えたら地獄へ往くか極楽へ往くか、そんなことは私は一向にわからない、法然上人が念仏しなさいとおっしゃるから念仏するだけだ。ということは、法然上人の言葉の中に響いている本願の呼び声を聞いたということです。

カリスマ性の克服

そして第二条のおしまいの言葉が大切です。あなた方が遠くからおいでになって、私に往生極楽の道を訊かれるけれども、要するに私の信心はこれだけだ、これ以外には何もない、今まで言ってきたことが全部だというのです。「このうへは、念仏をとりて信じたてまつらんとも、またすてんとも、面々の御《おん》はからひなり」。親鸞聖人は「念仏の教えが一番いいからいらっしゃい」とは決して言っていません。念仏をとるかとらないかは、あなた方自身がひとりひとりで決めることだ、と言うのです。

これは、親鸞という宗教者が、いわゆるカリスマ（教祖的支配）というものから徹底的に自由だったということだと思います。カリスマめいた幻想によって人を引き入れようとすることが絶対ない人物だということを物語る言葉です。だいたい、どの教祖でも多少はカリスマの傾向があるのが普通のようです。「私を信じたら間違いがない」などと言うものです。しかし親鸞聖人には、まるでそうした支配や強制や宣伝の態度が見られません。念仏をとるかどうかは、どこまでも各人が自分で決めることだと言うのです。

しかしながら、まさしくこれこそ仏教の根本精神にほかならないと思います。『無量寿経』の初めのところに、世自在王仏の前で法蔵菩薩が「私に経法を教えてください」と頼むと「汝みずからまさに知るべし」ときびしく撥《は》ね付けられる場面があります。仏法とはどこまでも自己が自己になる道だからです。余人は関われません。生まれて死ぬのも自分一人なら、地獄に堕ちるのも、浄土に生まれていくのも自分一人です。ほかの何人《なんぴと》といえども、これに代わることはできません。だから、念仏をとるのも捨てるのも、あなた方ひとりひとりが決める問題だ、と聖人は言うのです。真理のためには何ものをも容赦しない秋霜烈日の言葉であります。けれども、このきびしい言葉はそのまま、念仏こそ万人がまちがいなく救われていくただ一つの道であることを教える慈悲の言葉だと思われるのです。

浄　土

生命環流のコスモロジー

疑いとは何か

親鸞によって明らかにされた大乗仏教、すなわち浄土真宗の信心とは、一言でいえば如来の力に私の全部をまかせるということです。生きることも死ぬことも、すべて如来にまかせる。もうそれだけでいい。たとえ、どんな苦しみ、絶望の中であろうと、ただひたすら如来の仰せにまかせる。自分の意識ではわからない、心の一番深い底のところで大いなるものにまかせるということです。けれども、一口にまかせると申しましても、そのまかせるということが、またじつに難しいことでもあるわけです。

まかせるということを別の言葉でいえば、疑いが取り除かれるということでしょう。この疑いとは、すなわち煩悩ということです。煩悩には、ほかにもたくさんの種類があるのですが、疑うことも当然、煩悩の中に入ります。ところで、われわれは煩悩というものは人間から取れないものだと教えられています。そうしますと、次のような疑問が出てくるでしょう。もし疑いが煩悩の一つであるなら、疑うことも取れないはずである。それなのに、どうして仏を信じるというようなことができるのかと。これは当然の疑問だと思います。われわれは、煩悩を払拭しないかぎり仏を信じることはできないだろうと思いがちです。この辺のところに、じつは信仰の一番難しい問題が潜んでいるのです。

疑いということにつきましては、いろいろと解釈が分かれるところですが、仏教でいう疑いには二種類あります。すなわち、ひとつは他人を疑うという疑いです。人間にはお互い同士が抱いている疑心というものがあるでしょう。「この人はどうも信用できない」「あの医者は大丈夫だろうか、脳死の判定などほんとにできるのだろうか」などというのがそれです。これらはみな有限物に対する疑いです。もうひとつの疑いは、如来の本願を疑うという疑いです。これは無限者に対する疑いです。そしてこの二つの疑いは次元がまったく違うと思います。

われわれが、普通煩悩としての疑惑を口にする場合、これは他人を疑ったりする方を指して言います。動物には、この種の情動がないように思います。動物同士が疑い合うことなどない。家の猫が隣の猫に疑いをもっている。そんなことはないでしょう。ただ人間だけがお互いに疑いをもつ。他人を疑うのです。夫婦でも、親子でもそうでしょう。親子でも疑いをもつことがあります。これは煩悩です。そういう場合の疑惑は煩悩の中にふくまれます。

『成唯識論《じょうゆいしきろん》』などを見ますと、「疑」とか「見」とかは、みな煩悩に数えられています。「私はこう思う」という自分中心の見解も煩悩ですし、「私は偉い」と思ううぬぼれも「慢」という煩悩です。この書には六大煩悩、十大煩悩という具合に、たくさんの煩悩が書かれています。貪、瞋、痴、慢、見などの煩悩の一つに疑いという煩悩も入っているわけです。この疑いは人間存在にしみついた煩悩ですから、これは死ぬまで取ることはできません。

ところが、そういう煩悩をもっていても、人間を信じるのでなく、本願という人間でない力を信じることはできるのです。人間関係の中では疑いを取れなくとも、人間でない仏力は信じられるのです。つまり、煩悩を捨てて信じるのではなく、煩悩をもったままでよいと言われる仏の言葉を信じるということです。この本願をも人間は疑うわけですが、その疑いが取れるということがやはり起こるのです。もちろん、そういうことがどうして可能なのかじつに不思議ですが、あえて言うなら、それは仏さまが私の方に来るからと言う以外にありません。仏の方からわれわれの方へ来るから、本願を信じるということが起こる。これは人間の力では決して起こらない、人間の力が及ばないところでの不思議な出来事です。

だから、どんなに人間に対する疑惑をもっている人でも、如来を信じるということは起こりうる。たとえば商売をしている人にとって、商売とは損得勘定の世界ですから、信用と同時に駆け引きということが必要になってまいります。それを抜きにして商売というものは成り立たないでしょう。商いの取り引きをする人々は、「相手はあのように言っているが、本当はもっと安いのではないか」などと疑い心を抱いているとも言えましょう。しかし、そういう商人でも、如来の本願を信じることはできるのです。

戦国時代の武士のような場合にも同じことが言えると思います。〃もののふ〃とは敵との闘いを行なう集団です。この世界もやはり信頼と同時に疑心があります。武士が敵を単純に信じていたら戦《いくさ》などはできません。戦闘というのは、つまるところ、人間存在としての煩悩が最も激しい形をとったものです。自分を防衛しようとする煩悩です。自分の個体を他の個体から守ろうとする凡夫としての人間であるかぎり、そういう疑いの煩悩は死ぬまで取れないでしょう。

「凡夫」といふは、無明煩悩われらが身にみちみちて、欲もおほく、いかり、はらだち、そねみ、ねたむこころおほくひまなくして、臨終の一念にいたるまでとどまらず、きえず、たえずと、(後略)(『一念多念文意』)

このように親鸞聖人は言っています。けれども、そういう煩悩をもった凡夫であっても、個体以上のもの、人間以上のものにまかせ、如来を信じるということはできるのです。その理由は、信心とは如来が自らの心を私の心に回向されることだからです。もともと無明煩悩しかもたない者を救おうというのが如来です。そのために如来は向こうから私に来るのです。そのことが「衆生、仏願の生起本末を聞きて疑心あることなし」(『教行信証』信巻)という親鸞聖人の言葉に示されております。人間に対してどれだけ闘争心という煩悩をもっている者でも、本願に対してはまかすということができるのだ、と言われているわけです。

他力回向は世界の構造線

信心とは無限者たる如来がこちらへ来ることです。これ以外に表現の仕様がないと思います。如来がこちらへ来るという他力回向は、これは世界の構造そのものだと思います。この世界はそういう構造線によってでき上がっているのだと言わざるを得ません。全世界の構造線は、各自の私という一点に集まって来ているということです。ひとりひとりの自己に向かって大いなるものが来るというように、このわれわれの世界はもともと仕組まれているのです。信心とは、そうした世界の客観的構造というものを受け入れ、これに従うことであって、自分の心の持ち方が変わるというような主観的なことではありません。この世界構造そのものに向かって自分の心を開いていくということなのです。

信とは、われわれがその中でしか生きることも死ぬこともできない世界構造そのものの直接反射ですから、如来を信じないということはありえません。「私は如来を信じません」などと言えない。生きとし生けるものは、ことごとく如来にまかせざるをえない、ということがあるわけです。それを本願力回向の信と呼ぶのです。

弥陀の名号は、そういうふうに向こうから回向されて来たところのものです。名号はそのまま世界の構造線です。大いなるものから私に向かって、現に来ている世界の根本構造を名号と言うのです。「南無阿弥陀仏」も人間の発明した言葉ではないかと考えていたら、とんでもありません。人間の分別を超えたところに言葉の不思議があるのです。言葉を人間の発明品などと考えるのは、すでにでき上がった言葉の現象を見ているにすぎません。言葉そのものの発生してくる現場を経験することは、そういう説明とはまったく別なことです。名号とは、世界の構造そのものとなっている言語にほかならないのであります。

しかし、この真理を発見した人々がいたわけです。浄土教の高僧たちがそうです。そうしますと、「人間なんてみな似たりよったり。不完全で有限で、誰もみな同じではないか」などといい加減なことは決して申せません。人間の中には、この大いなる世界のあるがままの構造にハッと覚醒した人々がいたのです。すばらしいことだと思います。

お釈迦さまの発見がその源泉であることは言うまでもありません。釈尊は人間の中で、人間であることへの覚醒、自覚をもった最初の人です。すなわち弥陀の本願の名号の発見者であります。『無量寿経』は、本願の名号を発見した書です。宇宙には衆生を救う不思議な言葉があったということを悟られた人、仏に言葉があった、仏とは言葉であった、そういうことに開眼した最初の人が釈尊です。

如来さまというのは決して〝名無しの権兵衛〟ではありません。そう思うのは、こちらから仏の方へ往こうと考えているからです。仏には色も形もない、どこかにおられるだろうけど、名無しの権兵衛――そのように仏を考えている人は、どうかしてこちらから往こうとしているのでしょう。われわれが生きているこの世界の構造線は、こちらから向こうへ往くようになっている、と考えているのです。ところが釈尊は、世界構造の線というのは向こうからこちらに来ているのだ、ということを発見したのです。

ところで、その「南無阿弥陀仏」による救いについての今までの説き方では、南無阿弥陀仏とはいったい何かということがもうひとつはっきり示されていないように思います。法蔵菩薩が願を立てて、南無阿弥陀仏を称える者を救おうとおっしゃった、という具合に説くだけでは不充分です。それがどういうことかを、もっと深いところから解読することが必要のように思います。もちろん、それだけで素直にわかる人にはよいのですが、現代という時代は、なかなかそれを許さない状況のように思います。「そう言われたって、そんなことはやはり人間が言っているだけのことではないか」ということにどうしてもなってしまう。『無量寿経』という経典についても、それを書いた人の考えを述べただけのことだというような受けとり方からなかなか出ることが難しいわけです。名号が人間の発明品ではなく如来の言葉であるということを、真面目に受けとれないのです。こういう疑問がかすかにでも残っていますと、「あなたが信じるのは勝手だが、私は信じられません」ということになってしまいます。結局これでは、信心はめいめいの心の持ち方だという主観主義になりかねません。しかし親鸞の浄土教が名号を大事にするのは、名号がじつに世界の客観的な構造そのものであるからです。現代という時代は、まさしくこの真理を解明する新しい言葉を求めているように思います。

法然の回心

仏さまは名無しの権兵衛、つまり色も形もなくて、どこにいらっしゃるのかもわからないが、とにかく尊い仏がどこかにいる。こう思っている人は、仏というものを頭の中で考えているだけで、じつは信じてはいないのです。こちらから向こうへ往こうとするかぎり、仏は信じられません。仏を信じるとは、向こうから来たものに出遇うということだからです。

石見の妙好人浅原才市の言葉は、そのへんのことを見事に言い切っています。「わたしやどういう因縁で如来さんの御慈悲が、わたしの心に当たって下さったやら、これはわたしの腑《ふ》の得ぬであります」。如来さまにどうして遇えたのか、それがどう考えても腑に落ちない、と言うのです。「腑に落ちない」という言葉で非常にリアルにこの邂逅の不思議の感じを言っています。自分が出会おうと思ったわけでもないのに、如来に出遇った。才市はまた、そのことを名号が私に当たったとも表現しています。「何ともないのに弥陀が当たってなむあみだぶつ」。まるで宝クジにでも当たったように、名号が向こうから私に当たってきたと。私が如来に会おうとして、方向を定めて歩いていたわけでもないのに私に当たったものがある。それが名号だったと言うのです。「腑に落ちない」。南無阿弥陀仏の方からこちらに当たったという彼一流の言い回しで、才市は世界の構造線は向こうからのものだったということを見事に表現したわけであります。

ところで、如来の慈悲と申しますと、何となく人間的な感情に似たものに聞こえるものですから、現代人の感性や知性には抵抗があるようです。昔の人には、それでよくわかったのでしょうが、現代人にはどうも人間的というか心情的な雰囲気がつきまとって、信心は心の持ち方だというような主観的な取り方をしがちです。しかし、如来の慈悲とは主観的な情緒ではなく、無我の愛であり、すべてを包む広大な場所のことなのです。四十三歳のとき善導の『観経疏』を読んで回心した法然も、おそらく慈悲というより、ひとつの宇宙の計画のようなものを発見したのだと思われます。自分がはからいにはからって徹底的に論理を追いつめていく。そうして最後の極限で自分の論理を上回る論理というものを発見した。それが如来の回向の論理だったのです。法然上人はもともと徹底的に知的に探求した人です。知的に探求したのだけれど、とどのつまり、人間の分別の判断を超える一つの論理を発見した。これはもう常人の及ばないすばらしい頭脳です。まさに仏知に近い知と言えましょう。

法然は自力聖道門と浄土門との分別をはじめ、さまざまな仏道の選別をしていって、どういう理由でその道がダメかということをきちっと分けていった。そうして最後に称名念仏の一道を残したわけです。弥陀の本願だけを選択した。ほかのあらゆる道を全部捨てたのです。不明瞭なところやあいまいさを微塵も残しておりません。『選択本願念仏集』は、ある意味では徹底した論理の書と言ってよいくらいです。

その徹底した論理の人が、自分の論理を超えて自分を救ってくれる如来の論理、如来のはからいに気付かされたわけです。そのことがありがたかったのだと思います。「ああ、そうだったか。私よりも先にそういう大きなはからいがあったのか」と。本願を発見する前の法然は自力との熾烈な闘いの連続だったことでしょう。向こうから来ている道など、そんなにすぐにわかるはずがありません。長年の自力のはからいとの闘いをくぐってそれが破られたわけです。もう今までのように「自分で生きよう」「自分を守ろう」とかいうことは必要でなくなりました。世界の全構造線は向こうから来て、この私に集中していたのだ。世界の方が私を護ってくれている。自分は大いなるものにすでに護られ生かされていたということです。

全の自覚

すべての世界宗教に共通した根本思想は、大いなる生命というものへ小さな個体を解放していく、開いていくということだと言えます。これは動物には不要なものです。彼らははじめからその大きなものとベッタリだからです。それが、いわゆる本能と言われる世界であって、動物の場合、個体の意識がはっきりしておりません。つまり自分や他者を対象化することができないわけです。「個」が「全」と融合しきっているのが動物の生だと言えましょう。だから死ぬことが怖くないわけです。「個」の意識がないから、それが失われることへの不安もない。しかし、これは全と融合していると言っても、まだ本当の融合とは言えないのです。だから動物は動物のままでは仏にはなれないのです。仏になるということは、とりもなおさず全一なる生命を本当に自覚することだからです。はじめから無意識的に全と一体になっているだけでなく、自覚的に全とひとつになることを、仏になると言うのです。そのためにはまず、動物の場合のような大きな生命と小さな個体の生命との融合状態が、いったん破られねばなりません。それによってはじめて人間の生が出てきます。

そうすると、どうしても「死ぬのは嫌だな」という意識が生まれるわけです。しかしながら、この生の不安は全と根源的に合体するために、通らなければならない条件なのです。むろん、人によってはこの不安の感情が非常に淡い人がいるのも事実です。「死んだら死んだときだ、みないつかは死ぬんだから私も死にますよ。別になんとも思いません」。こういうことを言う人もいますが、そういう人は存在論的には動物に近いと言えます。これが悟りの立場で言っているのでないとしたら、やはり動物的なのです。よくいえば自然人とでも申せましょう。

A級戦犯で処刑された広田弘毅がそういうことを言ったのを思い出します。花山信勝という東大の教授で真宗の僧侶でもあった方が、教誨師として死刑囚に接したときのことで、そのことを花山さんが『平和の発見』という本に書いています。

あれを読みますと、広田という人は他の戦犯たちに比べて人間的にいちだん立派だったように思います。いよいよ刑が執行されるときが近づいたので、「歌か、あるいは詩か、感想か、何かありませんか」と訊く花山さんに、「(いや) 公人としての自分がやったことが後に残っているから、その他に別につけ加えることは何もない」とじつにそっけない。それでも花山さんが「何か感想を」としつこく言うと、「何もありません。ただ自然に死んで、すべては無に帰していく、言うべきことは言い、自分のつとめを果たすという信念で自分は生きて来たから、今さら何も言うことはない。自然に生きて、自然に死ぬだけだ」というように答えたといいます。

本当の心境はよくわかりません。花山さんがあまりしつこいので意地になったものか、それとも、本当にどこかやはり大いなるものにまかせるという気持をもっていたのか。というのは、広田弘毅の口から出た「自然に生きて、自然に死ぬ」という言葉は、これはある意味では親鸞聖人の思想、つまり「自然法爾《じねんほうに》」に近いとも言えるからです。如来さまにまかせるということは自然なことで、そこには何も人為的なものがない。如来が「お前を救う」とおっしゃっているのにまかせることほど自然なことはほかにありません。だから見方によっては、広田の言葉は「生きるとも、死ぬとも如来の御はからいのままだ」というような意味に取れないこともないでしょう。しかし果たして広田の言った自然が何であったかはよくわかりません。いずれにしても、この人にはやはり、全に対する個体の意識がそれほど強烈ではなかったようです。もちろんそれは全一の生命に対した場合の態度をいうのであって、他の個人に対してはもちろん自己意識はあるわけです。他の個体に対しては個体の意識がある。けれども全体に対しての個体の意識が鈍いわけです。こういう人は死をあまり恐れないようです。

しかしながら、一般的にいえば、われわれがみな個体である以上、死ぬことはやっぱり嫌だと思う方が普通です。これには正当な理由があります。というのは、この死の不安こそ個体がより根源的に全一の生命へ帰るための不可欠の条件だからです。いったん全体的生命と分裂して死の不安に悩むもののみが、本当に真の生命にいたることができるわけです。

ヘーゲルとプラトン

ヘーゲル哲学では、普遍もしくは全と個が未だ区別されない状態を即自と呼んでいます。ドイツ語の「アン・ジヒ（an sich）」を訳したものですが、「即自」と日本語で言われても何のことやらわかりにくいかもしれません。即自ということを説明するのに、よくこんなたとえが用いられています。日本を一度も離れないで日本というものを考えている人の場合を即自的な状態だと言います。これに対して、いったん日本を離れて外国へ行く、そして外国から突き放して日本を眺める立場に立つことを「対自（フュル・ジヒ für sich）」と言うのです。これは日本の内だけの単純な自己同一が分裂した立場です。自分と自分とが分かれ対立する。ところが、これだけでは事柄は決着しません。対自の段階は、どうしても中途半端な否定にとどまります。たんなる否定は最終の段階ではない。否定の段階はさらにそれ自身を否定してもう一度、統一へ戻らなければならない。否定をくぐってこの統一へ復帰した状態を「即且つ対自（アン・ウント・フュル・ジヒ an und für sich）」と呼びます。これがヘーゲル弁証法で言うところの真理の完成態です。彼は、物事というものはみなこの三つの段階を通ってはじめてその真相をあらわす、ということを言ったわけです。

生命の即自の段階は、植物や動物の場合のように、大いなる生命と個体の生命とが未分化のまま融合している段階になるわけです。だから死ぬことも別に心配になりません。いわば自然に生まれて、自然に死ぬという生であります。しかしそうはいっても人間である以上、動物とまったく同じように無邪気であることはありえません。動物は死ぬ前に、死ぬんじゃないかと心配したりはしませんが、人間は取り越し苦労をします。ちょっと病気でもすると、ひょっとして死ぬのではないかとうろたえることがある。あるいはとっくに死期を迎えているのに、まだ死ぬのは嫌だという気になったりします。死が近くもないのに、死ぬのではないかと思い、死にかけているのに、まだ死ぬものかと生に執着する。これが人間の人間たるゆえんであります。執着の程度は人によって千差万別でしょう。その人の育った環境、受けた教育、宗教心の有る無し、その他いろんな条件で、その度合は違うかもしれません。

しかし、とにかく全から離れることは、人間にはどうしても避けられないことであって、対自性は人間存在に必然的な構造であります。人間はどんな人でも自分という個体の意識をもっています。自分を意識するということは、自分が自分だけであろうとする執着の立場ですから、これによってどうしても全体的生命と対立せざるをえません。全体的生命と対立することが、動物にはない人間特有の苦しみで、これがすべての悩みの根本です。そして、すべての苦しみの根元が人間の執着（無明）であるということを発見したのが釈尊なのです。宗教とは、まさしく人間のこの深い自己執着からの解放の道にほかなりません。それは、われわれがそこから出てきたところの根源である大いなる生命へ、もう一回復帰しようとする生命そのものの運動だと言えるでしょう。生命そのもののこの運動を人間から取り去ることはできません。

最近の世界情勢は、明らかに社会主義が宗教に敗北したことを物語っています。宗教心を人間の心から取り去ることは、いかなる社会体制、いかなる外的な力もできないことを証明したのだ、と言ってよいでしょう。宗教心とは、社会的次元よりもっと深い次元、人間の心の最深の層に根をおろしているものです。それは生命そのものの呼び声ですから、これを押し止めたり抹殺したりする他の力などありません。人間はどうしても自分自身がそこから出てきたもとの生命の根源、故郷へ帰ろうとするわけです。つまり個体としての人間はエトランジェ（異邦人）の状態にあると言えるでしょう。全一的生命という故郷から離れてしまって、異郷にさまよっている旅人です。そうしますと、人間存在の不安とは、生命の根源から切り離されてしまっているための不安だということになります。故郷を失っているから不安なのです。

このことについて、たとえばプラトンは次のように言っております。「われわれは、もともとイデア界にあってイデアを見ていた頃、魂だけであった。それが肉体の牢獄へ堕ちてしまった。個体という牢獄の中の捕囚、それが現実の人間の生である。しかしながら、人間は肉体の牢獄の中に囚われていても、その魂はやはり自分の生まれ故郷というものを想起せざるをえない。イデアの世界へ帰ろうとするのだ」と。プラトンによれば、魂のこの郷愁、エロスが哲学的衝動だというわけです。哲学だけでなく、とりわけ宗教という人間の営みは、人間の内なる生命そのものが、その本来の故郷へ帰っていこうとする運動だと私は思います。プラトンは、それを「イデア」とか「魂」という自分の哲学用語でどこか物語ふうに語ってはおりますが、要するに、それはこの生命そのものの自己内還帰の運動のことを説明しているのにほかなりません。

プラトンの言葉をもうすこし詳しくいえば次のようになります。われわれがこの世に生まれてくる前、われわれは魂だけであった。魂はイデアという真理を毎日眺めていた。ところが、どういうわけだか（これはプラトンでもどうしてかよくわからないようであります）肉体の牢獄であるこの世へ転落した。その結果、肉体に囚われてこれに執着し、身体の心配ばかりするようになった。けれども、同時にやはりときどき故郷のことを思い出し、そこへ帰りたいと思う。魂の郷愁が湧いてくるのです。われわれはやはり、この世のことだけでは決して満足できないのです。この肉体をもった個体の生活をいかに快適につづけるかというだけでは、とうてい私自身の内なる生命の願望は満足されない。この生の不自由さを脱却してもとの故郷、生命そのものへ帰ろうとする。そこから哲学が生まれてくる。不死、つまり真の生命を回復しようとするエロスの衝動が、哲学とか宗教とかいうものの源であると言うのです。

浄土こそわれらの故郷

浄土真宗も大いなる生命の根源へ帰っていくことを説いているのであります。往生浄土のことを親鸞聖人は「法性《ほっしょう》のみやこへかへる」と言っています。往生とは、この人間界から未知の国へ旅立つことではなくて、われわれ自身の生命の根源、真実の生命へ帰っていくことだ、と言うのです。自分が本当に落ちつけるところ、自分のもとの所へ帰っていくことを往生というのです。『唯信鈔文意』には「かへるといふは、願海《がんかい》に入りぬるによりてかならず大涅槃《だいねはん》にいたるを法性のみやこへかへると申すなり」と書かれております。大涅槃に至るとは、仏になることです。この「至る」はわれわれが今いるこの煩悩の世界を原点にして見るなら、つまりわれわれから見るなら、向こうへ往くということになるでしょう。滅土に至るわけです。けれどもそれは、仏さま、つまり生命そのものから見れば、どこか知らない世界、普通の意味での他界、異界へ往くことではなく、われわれのなつかしい生まれ故郷に帰るということなのです。つまり落ちつくべき場所に落ちつくということです。「法性のみやこへかへる」と言われているのは、真理の方から見た言い方であります。

私たちの自己意識といいますか、私たちの普通の考えや思いでは、どうしてもこの世が原点、出発点です。誰でもこの現世こそ自分の生まれ故郷だと思っているでしょう。大阪に生まれた人なら大阪、私のように吉野出身でしたら吉野が故郷となります。どうしても人間界をスタート地点として考えてしまいます。そうすると往生とは、そういう故郷を捨てて新しい世界へ移住することになるでしょう。しかしこれはあくまでもわれわれの立場から言えることです。換言すれば、自意識ではそうなのです。けれども、それ自体においては、つまり、仏の真理の立場から言うなら、浄土こそわれわれの本当の故郷だということです。法性の都とは、私が自意識で知っている故郷ではなく、私がまだ知らない私の故郷だという意味です。つまり、仏さまが私に教えてくれる私の本当の故郷だと親鸞は言うのです。しかし、これは煩悩具足の私が自分では決して知りえない故郷です。この世に執着する凡夫の私は、どうしてもこの世を自分の故郷と思ってしまいます。だから、どうしても、往生とはここから遠い未知の所へ行くことだと考えてしまうのでありましょう。

親鸞聖人は、『歎異抄』の中では凡夫の立場から「久遠劫《くおんごう》よりいままで流転せる苦悩の旧里はすてがたく、いまだ生れざる安養浄土はこひしからず候ふこと、まことによくよく煩悩の興盛《こうじょう》に候ふにこそ」（第九条）と語っています。無始以来、住みなれた煩悩の故郷は離れがたい、と。久遠劫よりと言いますから、五十年、百年単位の期間ではありません。人間として生まれた故郷は、五十歳の人なら五十年の故郷、百歳の人なら百年の故郷でありましょう。しかし親鸞聖人が言われている安養の浄土とは、そういう身体をもつ人間としての私の故郷ではなく、私そのものの故郷のことです。私そのものの始まり、つまり煩悩の始まりは「無始（久遠劫）」です。煩悩の世界というものは、われわれがどれくらい長いあいだなずんできた所であることか。だからどうしても離れられないのです。何と言われようと離れるのが嫌だ。久遠劫から今まで流転してきた苦悩の旧里は、苦しく辛い所だけれども、どうしても捨てがたい。苦しいといっても離れたいとは思わない世界なのです。

たとえば、これは息子の家庭へ行きたがらない母親のようなものです。息子が成人して、故郷を離れ都会で家庭をもったとします。そして年老いた母親ただ一人田舎に残っている。息子は母親のことを気づかって、「お母さん、もうこちらへ来なさいよ。面倒は私たちがみるから」と心配します。ところが、母親はなかなか腰をあげようとはいたしません。というのは、田舎にはたくさんの知り合いがいるからです。別に仲のいい友だちばかりというわけではありません。時にはけんかもするし、意地悪なこともされるが、やっぱり故郷がいいのです。これが苦悩の旧里、捨てがたい娑婆なのです。娑婆の世界は楽しいことばかりとは言えません。人知れない悩みもあれば、争いもある。時にはいっそ死にたいとさえ思うこともある。そういう所だけど、長いあいだ住みなれた所だから、ここから離れたくない、不安な見知らぬ土地へ行って暮らすのは嫌なのです。

肉体をもったわれわれの生まれ故郷は、せいぜい数十年にすぎませんが、われわれ自身は永遠の昔からこのかた、この煩悩の世界に流転しているわけです。生まれ変わり、死にかわり、また生き変わっては死にかわる、という生死を無限にくり返して、すっかり煩悩の世界になじんでしまった。だから捨てがたい世界です。これに対して浄土は「いまだ生れざる安養浄土」だから、よけい娑婆にいたいと思ってしまう。恋しくない浄土などへ往くよりも、ここにいる方がよい、とこういう具合に思う。けれども、さきに述べましたように、それはわれわれ凡夫の立場がそう言わせるのです。真理の立場、仏さまの立場からは、あくまでも安養の浄土の方がわれわれの本当の故郷なのであります。

では、いったいどちらが本当の故郷なのでしょうか？　おそらく両面があるのでありましょう。浄土真宗の信心の立場には、この二重の感情が、入りまじっているように思われるのです。どちらか一方が本当の故郷だと思いきるのは、浄土真宗ではないようです。それは自力聖道門の悟りに近いように思います。私は浄土真宗の立場は、娑婆が故郷であるようにも思うし、お浄土がそうであるようにも思われる。そういう一見錯綜した交互の感情の上に成り立っているような気がしてなりません。それが如来を信じた凡夫のいつわりのない感情のように思われるのです。

このことを非常によく示しているのが、「苦悩の旧里はすてがたく、いまだ生れざる安養浄土はこひしからず候ふこと、まことによくよく煩悩の興盛に候ふにこそ」という文章です。この「まことによくよく煩悩の興盛に候ふにこそ」というところに、娑婆だけが故郷だ、と言い切っていないところがあります。こちらの故郷が捨てがたいと思うのは、私の煩悩のせいだと言うのですから、ただ捨てがたいという心情の上に開きなおれないのだということであります。浄土を恋わないのはどこまでも凡夫の考え、つまり煩悩のせいであって、それは決して真実の立場ではない。だがその真実の立場に立てないのが人間というものだ、と言っているのです。

要するに「不断煩悩得涅槃」(「正信偈」)、煩悩を捨てないで往生成仏する、煩悩を断ぜずして涅槃を得る――これが、他力の信心の立場なのです。自力聖道門のように割り切る立場からすると、これではまるで「無鳥島のコウモリ」みたいに思われるでしょう。あちらへついたり、こちらへついたり、いったいどちらに本当の心を置いているのだ、と問われるけれども、どちらでもないと答えざるを得ません。娑婆が捨てられないで、しかも捨てられる。これが、浄土真宗の面目です。そういうのは曖昧だと聖道門の人は言うかもしれませんが、その曖昧さが、ほかならぬ凡夫の真実の立場です。仏にまかせた罪悪深重の凡夫の立場なのです。

その次の言葉を見れば、そのことがさらによくわかります。「なごりをしくおもへども、娑婆の縁尽きて、ちからなくしてをはるときに、かの土へはまゐるべきなり」。じつにすばらしい言葉であります。浄土真宗は、これ以外のなにものでもありません。これがもしも、「娑婆の縁尽きて、ちからなくしてをはる」だけでしたら、浄土真宗ではないでしょう。それでしたら、死んだら何もないというニヒリズムにすぎません。「ちからなくして」終わるという自覚があるところに信の立場があるのです。力なくして終わる時が同時に彼の土へ参る時だというところに、ニヒリズムをこえる真宗の絶対肯定の世界があるのです。無力はそれだけではまだ真に無力ではありません。無力を思い知る自覚において、私の無力は底をつき、そこに浄土の道が開ける。私は私を救えない。これが力なくして終わるということです。要するに私は絶体絶命です。自分は自分を救えない。まったくの無力です。しかし、このまったくの無力への絶望の時が、じつは仏に肯定され救いとられる時、彼の土へ参る時にほかなりません。この世の命の灯が消える時こそ、浄土の灯が点く時なのです。落日の時と新しい日が昇る時との同時。これが浄土真宗の面目であります。

人は誰も彼も力なくして人生を終わるでありましょう。それが人間存在というものの正体なのであって、人間はほんとうに無力です。たった一人で死なねばならない。けれども、そのまったく無力の私がそのまま如来の願力に摂取される。如来に摂取される私は、力なくして終わる私なのです。力なくして終わる私は、如来に救われる私なのです。この親鸞聖人の言葉は、現実の人間存在のあるがままの正体をはっきりと示してくださっています。

信心の立場を抜きにしますと、こういう否定即肯定というダイナミックな転回は出てこないでしょう。それがたとえば本居宣長などの立場です。黄泉の国は汚なく悪しきところだけれども、死ねばみな行かねばならない世界だ。だから、この世に死ほど悲しいことはない、と『鈴屋答問録』に宣長は述べております。これは、『歎異抄』の表現を借りれば「なごりをしくおもへども、娑婆の縁尽きて、ちからなくしてをはる」という、これだけのことです。それが神道の安心だと宣長は言っていますけれど、これでは、お先真っ暗な不安であって、平和も安心もないように思います。「かの土へはまゐる」という大肯定への転回がないからです。自分を肯定してくれる大いなるものの力に気づいていないからです。

北陸地方では、お葬式のときに赤飯を炊いて祝う風習があるそうです。極楽へ参るのは、めでたいことであって、お祝いすべきことだというのです。死者は極楽へ生まれ仏に成ったのだから嬉しくてしようがないということですね。しかし、これは、真宗の教義には忠実な風習かもしれませんが、どこか教条的すぎて現実的ではないように思います。「娑婆の縁尽きて、ちからなくしてをはる」という凡夫の悲しみの方をカットしているからです。ところが、三重県のある所では、赤飯を食べるのですが、それと一緒に唐辛子を食べるというのです。唐辛子で涙を流すわけです。極楽へ往くのはめでたいことだけれども、死ぬことはやっぱり悲しい。その死の悲しみを表現するために唐辛子を赤飯と一緒に食べるというのです。そういう習俗が、その土地には昔からあるということを、西本願寺の教学研究所の先生から聞いたことがあります。この風習は、泣いたり喜んだりという凡夫の心情、悲喜こもごもの心情をよく表わしている面白い風習だと思います。まさに「なごりをしくおもへども、娑婆の縁尽きて、ちからなくしてをはるときに、かの土へはまゐるべきなり」という親鸞聖人の言葉そのものだと言えます。

ロゴスの声に聞け

往生浄土とは大いなる生命への還帰です。そこへ還帰しないと、われわれのこの世の生存の意味は完成いたしません。しかし多くの現代人は、この世だけの希望で生を終わってしまうのではないでしょうか。われわれを呼んでいる浄土の生命の大いなる招喚の声を聞こうとしないで、「人間のこの一生がすべてなので、それ以上どうしようもないではないか」と諦めて死んでしまう。本居宣長をふくめて、だいたい多くの日本人はそういうところで終わっているようです。けれども、如来の本願は依然として、「そういう小さな諦めの所へ衆生を放っておかない」「何としてでも、大生命の中へ復帰させるのだ」と呼びつづけているのであります。仏法というものに遇えないあいだは、おおかたこの世の生だけで終わらせているわけですが、しかし、それは自分でそう思っているだけのことであって、生命の大問題は、そういう中途半端な諦めでは決して終わらないのです。

しかし、本願を信じ、浄土を信じることの大事は、絶対に外から強制的にわからせることはできません。親子、夫婦といえどもこれだけは無理な話です。御主人が如来を信じていても、奥さんの方はダメ。子供が信じていても、親は信じられない。この娑婆の世界では、親子、夫婦、兄弟は、血縁という親密な関係で結ばれていますから、同じ世界を共有しているのだと信じているわけです。しかしそれは生きているあいだだけの話で、死がやってくれば、そういう縁は消滅してしまう。この社会的連関はそのまま宇宙へはもっていけません。親が往生したからといって、子供も往生するとはかぎりません。反対に子供は往生したけれども、親は往生しないこともある。まことに往生はひとりひとりの実存の問題であります。

人間は社会生活の中において、地縁や血縁、知己、友人、会社などを重視して、お互いによく知っている間柄と思っておりますが、宇宙的連関から見れば、みなまったく見知らぬ人同士です。死ねばみな往く先が違うということです。この世ではひとつ屋根の下に住んでいる親子、夫婦でも死んでしまったら別々になる。これが、往生する人も、そうでない人もあるということです。宇宙的連関の中では、われわれはじつに孤独な存在、キェルケゴールのいう単独者であります。

ギリシャの哲学者ヘラクレイトスは、これについて面白いことを述べています。すなわち、人間は昼間は同じ世界に住んでいる。目を覚ましているときは、同じ山、同じ太陽、同じ月を見ている。たとえば、われわれが他の人と一緒に太陽を見ているとしますと、見えるのは同じ太陽ですから、この場合われわれは世界を共有している、同じ世界に住んでいるわけです。しかし、夜になって眠ってしまうとめいめいの世界に帰る。夢の中、眠りの中では、各人が各人の世界にいると言うのです。二人の人が同じ夢を見るということはないでしょう。どんなに仲の良い夫婦でも「あなた、今晩同じ夢を見ましょうか」と言っても、とうてい叶えられないことです。当たり前のことのようですが、われわれ人間は、この世に生きているあいだでも、やはり別々の世界に住んでいる、絶対的に孤独な存在なのだということを示す言葉です。

そういう人間の孤独を本当に克服しようと思うなら、ロゴスに聞かなければならないとヘラクレイトスは言っています。ロゴスとは万物を支配している宇宙の理法のことです。ロゴスとは、もともと「言葉」と「理性」との両方の意味をもつギリシャ語ですが、ここでは理性のことです。ロゴスということを最初に言った哲学者が、このヘラクレイトスです。彼は、「万物は流転する」とか、「闘いは万物の父であり王である」などの言葉を残したことでも有名です。その万物は静止せずに流転するという考え方に立って、ダイナミックな宇宙観を展開したわけですが、万物はただ無秩序に流れるのではなく、整然とロゴスに従って流れているということを言ったのです。「万物はロゴスに従って生成しているのに、多くの人間はこのことを悟らないで生きている。しかしそのロゴスの言うことを聞いて、万物は一つであることを認めるのが、知恵というものだ」という有名な言葉を残しています。つまりヘラクレイトスは、私個人の言うことを聞いても無駄だと言っているのです。私に聞くのではなく、ロゴスに聞け。私だけでなく、宇宙の中のあらゆるものが、あなたも私も、そして神々さえ、それに従っているロゴスの言葉を聞くことが大事なのだ。ロゴスは人間や神々によって作られたものではなく、もともとあり、今もあり、これからもあるところのものである。そのロゴスの声を聞いたら、人間は真実を知り平安になる。個人の言うことを聞いてばかりいるから迷うのだ。大いなるロゴスの声に聞け。ロゴスは、人間を真に安らかにする。そういうことを言ったのがヘラクレイトスという哲人です。

宇宙の法則に従う

仏の教えというのも、やはり如来のロゴスに従えという教えであります。親鸞聖人は「法則」とか「自然」という言葉を使っています。われわれが浄土に生まれるのは如来の自然の法則に従うことだ。如来を信じるとは、大いなる法則に従うことである。その中から誰も出ることができないところの法則に従うことが、如来を信じ、往生するということだと言うのです。

たとえば、『一念多念文意』の「則是具足無上功徳」という『無量寿経』の文句を解釈した一節に「『則』といふは、すなはちといふ、のりと申すことばなり」と書いてあります。則という言葉はそのままということであり、法則ということだというのです。これを「如来の本願を信じて一念するに、かならずもとめざるに無上の功徳を得しめ、しらざるに広大の利益を得るなり。自然にさまざまのさとりをすなはちひらく法則なり。（中略）一念信心をうるひとのありさまの自然なることをあらはすを法則とは申すなり」と説明しております。つまり、如来を信じた人は、自分がこうして欲しい、あのように成りたいと思わなくとも、ひとりでに浄土へ往って仏に成ってしまうということです。そういう法則だというのです。如来を信じた人は、今度目を覚ましたら浄土にいる。どこをどう通って来たのか、自分にはさっぱりわからないのに、もう浄土に来てしまっている。「仏にする」という如来の言葉を信じたら、成りたいと思わなくても仏に成ってしまうというのです。「もとめざるに無上の功徳を得しめ、しらざるに広大の利益を得るなり」。求める必要もないし、知る必要もない。それは如来の自然の法則だと言われています。

ヘラクレイトスが言ったロゴスにあたるものを、親鸞聖人は「自然」とか、「法則」というふうに呼んでいるのです。宇宙の中のすべてを貫く法則。法然上人がありがたさに涙を流したのもこの法則でありました。自分を救う如来の大計画が、私が知らない前からこの自分のためにちゃんと用意されていたことに気付いて、法然上人は涙した。義理、人情などには決して涙を流さなかった知的な人が落涙された。われわれ凡夫は浪花節や演歌みたいな人情にはついホロリとしますけれども、もっと大きく深い真実というものには感動いたしません。やはり、どこか心が冷たいのですね。一切の衆生をことごとく仏にしようという仏さまの大きな悲願がましますことに対しては、なかなか感動しないのです。凡夫の心は本当に冷えているのでありましょう。

親鸞聖人は、すでに鎌倉時代に、このように「法則」という言葉を用いております。法則とは、向こうからこちらへ向かっている世界の構造線のことです。宇宙大の計画です。それがすなわち他力回向にほかなりません。しかし他力回向とは、いったいなにものでしょうか。

親鸞聖人は「『回向』は、本願の名号をもつて十方の衆生にあたへたまふ御《み》のりなり」(『一念多念文意』)と言っています。つまり、回向というのは南無阿弥陀仏の名号以外にないわけです。われわれ衆生が本願の名号を称える、「南無阿弥陀仏」と口で称えること、これが如来の回向だということです。それは私の耳元で仏自身が私を呼ばれることです。遠いところから呼ぶのではありません。私が「南無阿弥陀仏」と言ったら、仏さまはもうここに来ているわけです。私の耳もとにいる。間接的でなく、私にぴたりと直接している。向こうから来ているということは、言い換えますと片時も私を離れないということです。私と仏さまとのあいだに寸分の隔てもない、それが他力回向ということの意味です。向こうから私に来ているものは、絶対私を離れることはありません。こちらからの道なら、どうしても向こうと離れます。その道を私が歩かないことには、道とは言えないからです。私から仏さまの方へ行く道はどこまで行っても間接的です。ところが、向こうから来るものは私に直接します。仏さまが私の内部から私をつかんでいる。回向とは、そういうことです。

南無阿弥陀仏の名号

聖人はここのところをさまざまに解釈を試みておられますが、その一つを紹介します。

「如来尊号甚分明」、このこころは、「如来」と申すは無碍光如来なり。「尊号」と申すは南無阿弥陀仏なり。「尊」はたふとくすぐれたりとなり、「号」は仏に成りたまうてのちの御《み》なを申す、名はいまだ仏に成りたまはぬときの御なを申すなり。(『唯信鈔文意』)

これは、「如来の尊号ははなはだ分明なり、十方世界にあまねく流行せしむ(如来尊号甚分明、十方世界普流行)」という唐の法照禅師の『五会法事讃《ごえほうじさん》』に出てくる言葉を親鸞聖人が解釈した言葉の一部分です。まず「如来尊号甚分明」の如来というのは、無碍光如来だと言われています。阿弥陀仏の十二光の中で無碍光が最も根源的な光です。影というものをどこにもつくらない光だから無碍光如来と呼ぶのです。その如来の尊号、名前が南無阿弥陀仏です。だから、「南無阿弥陀仏」とは仏の名前です。尊号の「尊」は尊く、優れているという文字どおりの意味です。それから「号」は仏になってからの名前で、名は菩薩のときの名前だと述べています。ここは注意すべき点です。われわれは平生、一口に名号と言っておりますが、親鸞聖人によると、成仏後の名が「号」で、「名」は仏になる前の名前だというのです。つまり、法蔵菩薩の段階での名ということになります。たとえて言いましたら「号」とは博士号の号です。一人の学者が博士になるまではその人個人の「名」だけしかありませんが、学位を取ると博士の称号を与えられる。それによって、たとえば外国ですと、大学の教授の資格を得たことになり、一人前の学者として世間に認められるということになります。阿弥陀さまについても一応そう言えるわけです。

しかし、博士号ではなく名号という場合には、そういうことだけではすみません。というのは、博士の場合は名から号へ進む方向しかありませんが、名号の場合は号が同時に名だという方向があるからです。名が号であり、号が名であるという両方向が同時にあるわけです。法蔵菩薩と阿弥陀如来の関係は、もちろん法蔵が先にあって、やがて阿弥陀に成るという、そういう前後関係がひとつあります。けれども逆の関係も考えられます。つまり、もともと阿弥陀が法蔵菩薩の内にいたということが言えるわけです。これは視点を変えますと、本願と法蔵菩薩の関係にもなります。法蔵菩薩がまずあって本願を立てた、とも言えます。つまり、私どもがいろんな個人の願いをもつように、法蔵菩薩という個体――もちろん人間のような個体という意味でなくても、とにかく法蔵菩薩という方が十方の衆生を救おうという願をもった。一応そのように言えましょう。けれども、ただそれだけでしたら本願とは言えないはずです。法蔵菩薩の願というものは法蔵自身の願でありながら自分を超えた仏の本願です。しかも今までのどんな諸仏ももたなかったような新しい根本的な願です。そういう広大な本願が法蔵菩薩の心に宿り、法蔵菩薩という形をとった。つまり本願の中から法蔵菩薩が生まれてきたと言わなくてはなりません。

この両方向がひとつであるところにはじめて、本願というものが成り立つように思われます。人間の個人的な願いでしたら、まず自分がいて「ああしたい」「こうもしたい」と願うわけです。個体が願に先行するわけです。しかし、阿弥陀さまの場合、個体の願いではありませんから、そこに人間の論理を差し向けて、法蔵菩薩がいて、願をもったというだけでは片づかないのです。むしろ本願というものがあって、法蔵の形をとって自分をあらわした。本願の中から法蔵菩薩が生まれ、阿弥陀が生まれたのです。

まず法蔵菩薩という人がいて、その人が何か願いをもったというようなことなら、おとぎ話になってしまいます。法蔵の願は個体の中にだけおさまらない、個体をはみ出す宇宙大の願いです。つまり、本願には人間のような主体がないのです。あったら本願とは申せません。だから、本願には理由も何もないのです。どうして阿弥陀さまが十方の衆生を救おうという願を立てたか。本願に人間が考えるようなもっともらしい理由などありません。もし、人間の頭が納得するようなこせこせした理由があったとしたら、それは本願ということはできません。人間の理想の投射にすぎないでしょう。

人間は、どうしても因果関係を考えてしまいます。まず何かがあって、それがどうなった――こういう具合に考えがちです。けれども、本願は、そういう人間の思惟の因果関係を超えています。だから、逆の関係が同時に存在するのです。つまり、法蔵菩薩が阿弥陀さまになったという面と同時に、阿弥陀はまだ法蔵のままだという面があるのです。なぜなら人間の世界には、まだ救われていない衆生がたくさんいるから、法蔵はまだ阿弥陀になれないのです。ですから、法蔵菩薩は阿弥陀になっていると同時になっていない。これは矛盾のようですが、この矛盾の中に生きているのが、仏の慈悲というものなのです。名号はそういう矛盾の自己同一です。法蔵菩薩の名前でもあるし、阿弥陀さまの名前でもあるわけです。

そこで、親鸞聖人はさきの文章につづけて、「この如来の尊号は、不可称不可説不可思議にましまして、一切衆生をして無上大般涅槃《むじょうだいはつねはん》にいたらしめたまふ大慈大悲のちかひの御《み》なり。この仏の御なは、よろづの如来の名号にすぐれたまへり。これすなはち誓願なるがゆゑなり」と書いております。阿弥陀だけでなく、十方にいらっしゃる諸仏たちはみな名前をもっています。『無量寿経』のはじめの方には、世自在王仏までに錠光如来から五十三の仏の名が列挙されていますが、そのように仏さまにはみな名前があるのです。ところが、ここでは弥陀の名号は他の如来の名号よりも優れていると言われています。それはどうしてでしょうか。それは阿弥陀だけは自分の名号によって救おうとされているためだと親鸞聖人は言っています。これが南無阿弥陀仏の名号の特質であり、また別格のところです。他の如来たちは名号によって救おうという願をもたれないわけです。もちろん、衆生を救おうという誓願は、どの仏ももっているでしょう。けれども、自分の名号を称えるものを救おうとは、誓いにならなかった。阿弥陀さまの願だけを本願というゆえんは、そのような他の如来たちの願を超えた、それよりももっと根源的な願であるからということにほかなりません。自分の名前、つまり「南無阿弥陀仏」を称える者を救おう、名をもって救おう、これは特別な願です。そこに、南無阿弥陀仏が他の如来たちの名号よりも優れているゆえんがあると親鸞聖人は言うのです。

その次に、「『甚分明』といふは、『甚』ははなはだといふ、すぐれたりといふこころなり、『分』はわかつといふ、よろづの衆生ごとにとわかつこころなり、『明』はあきらかなりといふ、十方一切衆生をことごとくたすけみちびきたまふこと、あきらかにわかちすぐれたまへりとなり」とあります。この「分明」というところの説明がとても大事だと思います。「甚」ということは親鸞聖人の説明だけですぐにわかります。つまり、世自在王如来なら、世自在王という如来の名前より、南無阿弥陀仏の名前の方がはるかに優れている。六字の名号はその他どの仏の名よりも優れた名である。つまり名の中の名、名に最もふさわしい根源的な名だということです。

問題は「分明」です。「明」は読んで字のごとくですが、聖人は「分」を「分かつ」と読んでいます。これはつまり、十方衆生のひとりひとりに対してという意味です。如来の分別と言ってもよいでしょう。これは、南無阿弥陀仏という名号は、如来さまがここにおりまして、千人なら千人の衆生を一つの集団単位と見て、その複数の衆生に向かって、マイクを使って「ナムアミダブツ」と呼びかけることではないということです。そうではなく一々の衆生に向かって呼ぶのです。衆生と距離をおいて「皆さん！　今から言うことを一緒によく聞いてくださいよ」と言っているのではありません。ひとりひとりの耳元のところまで行って、ひとりひとりに直接して言うから「分明」です。この親鸞聖人の分析と解読はすばらしくじつに見事です。

「分」とはひとりひとりの衆生ごとに分かつことである。ひとりひとりの耳元で、呼ぶ声ですから、聞こえないはずはありません。これは、はっきりと明らかな声です。だから「南無阿弥陀仏」の名号は、この十方世界の隅々まであまねく行き渡っていくのです。もし、これが大風にパーッと灰をまくように言うのでしたら、行き渡らない所が出てくるでしょう。名号の普遍性とは個々の衆生に徹底して、ひとりひとりに集中しているための普遍性にほかなりません。同じことを『歎異抄』では「弥陀の五劫思惟の願をよくよく案ずれば、ひとへに親鸞一人《いちにん》がためなりけり」（「後序」）と言われています。弥陀の五劫の思惟の願はこの私ひとりの耳元に口をつけて呼んでくださった言葉だと言うのです。この私ひとりとは、どうにもならない絶望的なこの自分という意味であります。

煩悩具足の凡夫

弥陀の名号が私の耳元に直接して呼びかけるということは、私どもひとりひとりの名前、つまり固有名詞で呼びかけているということです。お前たち衆生よ、などと代名詞で言うのではありません。もっと具体的に申しますと、如来は私の個人的な癖をみな知っておられるのです。私がどういうときに腹を立て、どういうときに喜ぶ人間であるかということをちゃんと見とおしておられる。

私の身体のことも、私の性格や能力のことも、みんな見抜いているのを如来の智慧というのです。大体は知っておられるだろう――などというのはとんでもない高慢な言い方です。人間を思うように如来さまを思ったらダメです。如来さまは人間ではありません。どんな名医でも、私の身体のことを全部知らないけれども、如来さまは、その智慧の力によって隅から隅まですべてご存知なのです。そして結局、永遠にどうにもならない罪悪生死の凡夫であることを見抜いておられる。それが衆生ごとに分かつということの意味です。

『歎異抄』第三条には次のような言葉が見られます。「煩悩具足のわれらは、いづれの行にても生死をはなるることあるべからざるを、あはれみたまひて願をおこしたまふ」。これが見抜かれているということです。私の性格、私の身体の構造まで全部知っているとは、結局「いずれの行にても生死を離れることができない者だ」と知っている。もとから如来に見抜かれたままです。そして、見抜かれているということは、この身このままでしか救われようがないということであります。如来の願はもうすべてを見抜いた上での結果です。見抜かれた私自身がそのことを知るよりも前に、如来が私の正体を知ってしまった。だから、「南無阿弥陀仏」によって救おうという願を起こされたわけです。私たちの方がいつも遅いのです。私どもは、まだ自分自身のことをよく知らないのです。「しかるに仏かねてしろしめして、煩悩具足の凡夫と仰せられたることなれば」(第九条)とあるとおりです。「かねて」とは私が知るよりも前から、煩悩具足の凡夫だとご承知だということです。「凡夫」とは如来が私に言う言葉です。われわれが自分で口にする言葉ではありません。自分から凡夫と言うのはウソでしょう。本当のところは凡夫ではないと思っている。あの人は根っからの凡夫だけど、私は凡夫の中ではまだましな方だ――こんな具合です。「ましな凡夫」などあるはずがない。だから、自分で私は凡夫などと言うのはウソに決まっています。道徳的反省と宗教的反省というものとは次元が異なるのです。

道徳と宗教の違い

西田幾多郎は道徳家が宗教に入る難しさは「ラクダが針の針孔《めど》を通るようなもの」だと言っています。道徳から宗教に入ろうとするのは、ラクダのように大きいものが針の穴をくぐろうとするほどに困難だ、ということです。知らず知らずに自分は何も悪いところがないと思ってしまうのが道徳というものです。要するにそれは自力です。これは宇宙に対して自分を主張しようとするようなものでありましょう。広大無辺な慈悲の前で、自分を主張しようとすることは罪深いことです。

いったいどんなに謙譲な人でも、この自力があるのです。さきに仏を疑うことと他の人間を疑うこととは違うと申しましたが、同じことがこの場合にも言えます。他人に対して謙虚でも、かならずしも仏さまを信じていることにはなりません。他人に対しては傲慢無礼の人が、如来を信じることもあります。私はそういう人を知っています。世間に対しては大変な自信家で、敵も多く傲慢無礼に見えたその人は仏を信じていました。反対に一見謙虚に見える人がなかなか仏を信じない。不思議なことですね。

これは、仏教の道が世間の道とまったく違うということを物語っています。世間にうまく適合している人は、えてして仏を必要といたしません。『歎異抄』で「自力作善の人」「善人」と親鸞聖人が呼ぶところの人々です。「自力作善のひとは、ひとへに他力をたのむこころかけたるあひだ、弥陀の本願にあらず」。世間の中でしか通用しない自力を宇宙の中へ、如来さまの前へももっていこうとする。自分の力によってなした善を頼んで往生しようとする人が自力作善、すなわち善人です。これらの人々は、やはり仏さまを必要としないわけです。宇宙に対して自己を主張する。そういう人々も、社会の中では他人の世話にならなければならないことを認めています。社会生活の上ではしごく謙虚で、物わかりのよい生活を営んでいる人でも、いったん宇宙に対すると、かならずしもそうではありません。社会生活の中でのそういう優等生の自己が、宇宙の中では通用しないということがわからないからです。自分は正しい、どこも間違っていないと信じ込んでいるから、つい宇宙の中でも自分の能力で行けると思いちがいをするのです。この自力が、宇宙にまかせることを難しくします。「弥陀の本願にあらず」――それは如来を必要としない人々だと親鸞聖人が言うとおりです。

凡夫が如来を信じるということは、じつに不思議な出来事です。あの山伏弁円（後の明法房）の有名なエピソードを聞くと、とくにそういう思いがします。弁円という人は、自分の信者たちが次々に親鸞聖人の教えに帰依したことを恨んで、聖人を草庵に襲い殺そうとした人です。ところが、聖人の犯しがたい自然の姿にうたれて、たちまち害心を捨ててその場にひれ伏した、と言われています。自力を捨て親鸞聖人の教えに帰依したのです。覚如はこのことを「不思議なりしことなり」と記しています。

蓮如上人もまた、仏を信じることのむつかしさ、不思議についてしばしば言及しています。「ただいまなりとも、われ、死ねといはば、死ぬるものはあるべく候ふが、信をとるものはあるまじきと仰せられ候」。『蓮如上人御一代記聞書』にある言葉です。たとえば、自殺は人間に可能です。今、ここで腹を切って死ねと言われたら、死ぬ人がいるかもしれません。昔の武士や気の強い人、仁俠の世界などでは親分の代わりに体を張ることがあると聞きます。これは、人間は自力で死ぬことができるということでしょう。人間はみな死ぬのを嫌がる存在だとはかならずしも言えません。人によっては、また条件によってはそういうことも可能なのです。だから、死ぬということはそれほど難しいことではない、と蓮如上人は言うのです。

けれども、仏を信じよと命令されたら、信じられるかというと、これはそうはいかない。なぜなら、信は人間の自力では起こらないものだからです。人間の意志の強さとか、思想や思い込みとか、そういうことでは信心は決して起こらないのです。今、ここで死んでやろうというのは、これは難しいかも知れないが、不可能なことではない。自分の思想信条とか意志の力、あるいは固定観念、そのほか何であれ、とにかく自分の力でできることです。

しかし、仏を信じるということは人間の力では起こらない。だから、「難信」と言われるのです。人間の力ではできないから難信。信はこちらから向こうへ行くことではなくて、向こうから如来さまが来ることです。けれど、その信がいったん私に来たら、もはや絶対に撤回されることはありません。私の煩悩の心はどんなに動揺しても信心は崩れない。ここのところが、どうかすると間違えられやすいと思います。信心を得たら、心が堅固になって微動だにしなくなることだと思う人がいますが、そうではないのです。われわれの心は信前も信後も乱れ放しなのです。それでも、信それ自身は動揺しません。なぜなら、信心は私に来たところの仏さまの心だからです。揺れやすい、乱れがちの私の心の中に、仏の心が生まれることが信心だから、その信は少しも動揺しないのです。親鸞聖人が、信心のことを如来よりいただいた信心とか、金剛不壊の信心と呼ぶのはそういう意味です。信とは如来の心なのです。

けれども私の方としては、仏さまが来られるための準備はできるでしょう。仏法聴聞がその準備です。何もしないで、信が棚から落ちてくるのを待つというわけにはまいりません。ある意味では、自力聖道門の道も、如来がこちらへ来るのを待つ準備の段階にあたるといってよいかもしれません。親鸞聖人も比叡山でさまざまの修行をされています。その結果、六角堂に百日間参籠して、聖徳太子の夢告にあずかった。そういう長くきびしい行道《ぎょうどう》は、ただ大いなるものが向こうから来ることの準備のプロセスであったとも考えられます。しかし、どれだけこちらで準備しましても、来るのはあくまでも向こうからであります。

だから、信がいつ起こったかは自分ではわからないのです。起こっていたと過去的にしか言うことができません。私の煩悩が雲のように湧くのは、信がなかったときと同じですから、ちょっと見たら信心があるのやら、ないのやらわからない。これはわかったら、かえっておかしいのです。このあいだまで普通だったのに、人が変わったように一変した。これはおかしい。浄土真宗の信心は、私の方で変わったことは何もないのです。依然として欲は出るし、依然として腹を立てている。けれども如来が来られたことには間違いありません。信心が起こった以上、もう心配はいらないのです。私が作り上げたものなら、私が心配せねばなりませんが、如来が来た以上、私が如来のことを忘れても、如来の方は私を忘れません。信心とは如来がつねに私を忘れていないということです。私の方はときどき忘れることがあります。

先学に「本願に疑いなし、本願を疑わざるにあらざるなり」という言葉があります。これは如来の方が私を疑わないということを言っているのです。いったい疑うということは相手を切り捨てるということでしょう。医者を疑うとは、医者の力に見切りをつけて、その医者を見捨てるということでしょう。友達を疑うというのも、友達を見捨てることにほかなりません。けれども、如来にはそういう疑いがないのです。つまり私がどんなに自分の往生を疑っても、如来は私の往生を疑わないのです。私が間違いなく極楽に生まれることを如来は信じているのです。如来が私を捨てないというのはそういうことでしょう。そうしますと、本当に信じることができるのは如来さまだと言わなくてはなりません。「私は絶対に如来を疑いません」と自分で力むのは他力の信心ではないでしょう。凡夫は信心をいただきながら死ぬまで横着なのです。これが煩悩具足の凡夫の悲しさであります。

親鸞のコスモロジー

親鸞聖人は、いわば精神の未知の大陸を探検した人だと思います。アメリカ大陸の発見者はコロンブスですが、親鸞聖人は、われわれの精神の大陸の奥の奥に迷いこみ、そうしてジャングルや渓谷の暗黒の領域、すなわち煩悩の深みの底の底にまで差し込んでいる一条の光に出遇ったのです。それは「間違いなくお前を救う」と言っている如来の光でありました。じつに親鸞聖人はわれわれの心霊の大陸の未踏の径の発見者だと言えましょう。

真に思想と呼べるものが、こうして日本民族にはじめて自覚されたのだと思います。私は親鸞聖人の思想が、日本人の思想の最も優れたものの一つであり、独自の日本思想だと考えております。それまでは、思想らしきものは、残念ながらわれわれの列島にはなかったように思います。

黄泉の国というのは、死生観とか思想というより、一つの情緒に近いものです。死ぬことは嫌だという生物としての人間のもっている普通の感情を、行く手に投射したものにすぎません。それは死後が暗黒だという考え方です。しかもこれは、死後が暗黒だということを先に発見して、死ぬことは悲しいと言ったのではなくて、反対に、死は悲しいから死後の世界は悪い世界だというのです。本居宣長の考え方を見れば、そのことがよくわかります。死を悲しむ人間の情を、いわばひとつの概念に固定したのが、黄泉の国という観念なのです。

お釈迦さまはそうではありません。人間が生に迷い死ぬことを嫌い悲しむのはなぜか、という大きな問いを出したのです。釈尊は生老病死という苦しみの原因を探って、それからの解脱の道を発見しています。上代の日本人は、要するに、死ぬことは悲しい、悲しいとくり返しているだけです。死が悲しいのは日本人もインド人も変わりがないはずです。しかしお釈迦さまだけが、人間はなぜ死が気になるのかということを研究していかれた。人間の精神の深い底へ降りていったわけです。そういう人間の心の深部に入らないことには、思想は生まれません。上代の日本人は残念ながら、精神の表層を情緒で流れたにすぎないような考え方をしていたと思います。

中国大陸を経由して日本に入った釈尊の大乗仏教は、とくに親鸞の浄土教において真に日本人の仏教になったと思います。ここにわれわれははじめて真の思想をもったわけです。大乗仏教の一番の核心であるこの親鸞聖人の念仏の思想は、日本の風土に定着しました。もちろん、日本人のすべてがそうとは言えませんが、この真理を信じて人生を生きている日本人は現に大勢います。

仏教が日々の生き方になっている人々が、過去にも、現在にもまぎれようもなくいることは事実です。

偉大な思想、つまり普遍の真理に特殊なセクトの内外《うちそと》などありはしません。仏の道とは、本来、人間が、この宇宙の中における自分の存在の位置を発見するところの道だと思います。この問題は一宗派としての浄土真宗だけの問題ではありません。浄土真宗の教団に属している信者であろうが、なかろうが、みな宇宙の中にいるわけです。その宇宙の中にある人間が、この宇宙の構造が放射している慈悲の光線に目覚めていくことのできる道が念仏の教えというものだと思います。とくに親鸞の浄土教は、そういう壮大なコスモロジーをもっていると思われます。現世から浄土へ往って、そしてまた浄土から現世へ還ってくる。われわれの宇宙はそういう往還構造の力学をもっているのです。如来の大生命が環流しているというコスモロジーです。五十年、百年間のこの世の生命だけがあって、それはいずれどこかへ消えてしまう、そんな硬直した貧しい生命観はわれわれの人生や命の真相ではない、と親鸞は語っているのです。われわれのこの命は、大いなる如来の生命の環流の中に浮かんでいる。生命の根源を忽然と離れて、個体の中に閉じ込められているこの煩悩の命をもう一度大きな生命の根源へ解放しようとする運動、すなわち往相と還相の生命環流に乗り、これに参加する――これが、人生の真相だというのです。

そういう親鸞聖人の壮大でダイナミックな教えというものに出遇えたということは、われわれの大きな幸福ではないでしょうか。身にあまる冥加だと思います。

あとがき

本書は三年前に公けにした『親鸞のコスモロジー』のいわば姉妹篇で、巻頭の論文をのぞいて、一九八九年から一九九一年ごろまでにおこなった講演記録に修正を加えた論文から成っている。IIに収めた三篇はみな、朝日カルチャーセンター（大阪）の講座で話したものが基になっている。Iに収めた諸篇の初出は、次のとおりである。

「親鸞　日本教を超えるダイナミズム」（原田・中岡・大峯編『地域のロゴス』世界思想社、一九九三年六月、原題「浄土の遠さと近さ——日本浄土教の思想」）

「宗教　本質と可能性を問い直す」（『昭和六十三年度教学研究グループ代表者研究会〈講義録〉』西本願寺教学本部、一九八九年三月、原題「宗教の本質」）

「生命　仏教の立場から考える」（『平成二年度布教講会講義録』浄土真宗教学研究所、一九九一年四月、原題「生命と生命を超えるもの」）

いずれも、大乗仏教、とくに親鸞の浄土真宗の思想について、一般市民や宗門の現場にいる専門家の人々を対象に話したものばかりである。しかし、親鸞の教えをたんに一宗派の教義や信条の枠の中からでなく、一応そういう枠を外したところで、とらえ直そうという視点に立っている。いわば伝統の内と外にまたがるような、複眼的な視座である。現代社会を流れる宗教に無関心な傾向が、たんにある特定の宗教に対してでなく、総じて宗教一般に対しての無関心である以上、今日では何よりもそういう視点が必要だと思われるからである。

世界が近代化し、科学技術が人間生活を規定するにつれて、真の意味での宗教というものが人間の心から消えていくことが世俗化の現象である。今日ではこの世俗化は、すべてのものを巻きこむ激浪のようなものになっている。そういう激浪に立ち向かうには、既成の一宗教や一宗派の教義の内から発想するだけでは、とても足りない。なぜなら、世俗化は、教義の理解それ自身の中へもこっそりと侵入してくることがあるからである。だから帰っていくべきところは、一宗派の教義の原点ではなく、宗教そのものの原点なのである。

今日のわれわれの社会は、新しい宗教ブームだとも言われる。たしかにそこには、既成宗教や科学技術によっては充たされない心情の一種の宗教的要求がふくまれているかもしれない。しかし、そういうものがそのまま、本当の宗教になり代わることは到底できないだろう。それらは一種の擬似宗教であり、根本的にはやはり世俗化の一つの現象にすぎないように思われる。多くの新宗教が社会事業に精を出したり、擬似政治的なポーズをとったりして、結局は現世利益を説くこと以上に出ないのは、このことを物語っている。そういうものは、決して宗教の真の再生とは言えないばかりか、本当の宗教を現代人に見失わせる結果になっているように思う。

いかなる進歩した科学技術も、福祉国家の政治も、それだけでは人類を救いえないことは明らかなことである。もし、現代にはもはや宗教などいらない。科学技術と政治だけでたくさんだというのなら、宗教の代わりに現代という神を拝めばよいのである。しかし、どんな合理主義者たちでも、そんな現代教に改宗するだけの自信をもっているわけではあるまい。

だから、宗教が欠落した現代社会の世俗化とは、本質的には宗教的な性質の問題なのである。世俗化という巨大な混迷が宗教的な性質の迷いである以上、その迷いからわれわれを救う途は、真の宗教の再生を抜きにしてどこにもないことは明らかである。そのためには、宗教自身がどんな福祉国家も科学文明も決して代行できない宗教本来の役目というものに対して、もう一度根本的に覚醒しなくてはならない。それは、宗教に足りない部分を政治や科学によって補うというようなことではなく、宗教が宗教以外の何ものでもないところに還るということである。

すべての世界宗教（高等宗教）の開祖たちの偉大さは、そういう宗教以外の何ものでもないゆえんのものをはっきりと教えたことにあると思う。後代における種々の宗教改革の運動は、宗教のこのような普遍的源泉に汲み直そうという試みにほかならないが、とりわけ親鸞という宗教家に、それが最も尖鋭な形で見られると思う。親鸞の浄土真宗は、日本という非宗教的な精神風土の上に咲いた比類なき宗教性の花であるが、それを生むために、この根源的な思想家は、人間のさまざまな固定観念との激しい闘いを強いられたのである。〝日本教〟を克服すると同時に、仏教の既成形態を乗りこえるという二重の闘いが、親鸞の浄土教をほかのいかなる仏教の立場よりもダイナミックなものにしている。本書は、そういうダイナミズムの中に、宗教の再生の道を探ろうとする一つの試みである。

前著『親鸞のコスモロジー』のときと同じく、今度も法藏館の池田顕雄氏が編集の労をとってくださった。原稿整理の仕事だけでなく、全体の構成にいたるまでの同氏の種々の適切な助言に対して、厚く御礼申し上げたい。

一九九三年十月

吉野山麓にて　著　者

大峯　顯（おおみね　あきら）

1929年奈良県生まれ。59年京都大学大学院文学研究科博士課程修了。71～72年文部省在外研究員としてハイデルベルク大学留学。76年文学博士。80年大阪大学教授。龍谷大学教授、浄土真宗教学研究所所長、放送大学客員教授を経て、大阪大学名誉教授。専攻、宗教哲学。俳人（俳号・大峯あきら）、「毎日俳壇」選者。2018年逝去。

著書に『フィヒテ研究』（創文社）、『花月の思想』（晃洋書房）、『親鸞のコスモロジー』『親鸞のダイナミズム』『宗教と詩の源泉』『蓮如のラディカリズム』『花月のコスモロジー』『永遠なるもの』『宗教の授業』（法藏館）、『西田哲学を学ぶ人のために』（編著、世界思想社）、『本源海流』『高僧和讃を読む』『正像末和讃を読む』（本願寺出版社）、『自然の道理』『宿業と自由』（百華苑）など多数。句集に『紺碧の鐘』『吉野』『宇宙塵』『群生海 大峯あきら句集』『短夜』などがある。

新装版　親鸞のダイナミズム

一九九三年一二月一〇日　初　版第一刷発行
二〇二四年　六 月二五日　新装版第一刷発行

著　者　大峯　顯
発行者　西村明高
発行所　株式会社　法藏館
京都市下京区正面通烏丸東入
郵便番号　六〇〇-八一五三
電話　〇七五-三四三-〇〇三〇（編集）
〇七五-三四三-五六五六（営業）

装幀　山崎　登
印刷・製本　亜細亜印刷株式会社

ISBN 978-4-8318-6701-8 C1015

新装版シリーズ